MW01641704

LOS MEDICAMENTOS

El doctor Fidel y las charas yucatecas

Los medicamentos

El doctor Fidel y las charas yucatecas

1a edición, México 2025 | Editorial Shanti Nilaya®
Diseño editorial: Editorial Shanti Nilaya®
Ilustración de portada: Arturo González Duran de León.
Dibujos de los capítulos: Patricio González Durán Fuentes Galindo.

ISBN | 978-1-970263-50-3
eBook ISBN | 978-1-970263-51-0

El proceso de edición, corrección ortotipográfica y cuidado de estilo, lo realizó el autor de manera independiente.

www.editorial.shantinilaya.life

LOS MEDICAMENTOS

El doctor Fidel y las charas yucatecas

Dr. Francisco José González Durán de León

Prólogo

Yo sé quién soy y sé que puedo ser
no solo los que he dicho,
sino todos los Doce Pares de Francia...
Miguel de Cervantes

Conocí al doctor Francisco González Durán de León en 2016, cuando —supongo que por aquello de los seis grados de separación— me asignaron la corrección de su primera novela, *Memorias de un desertor,* que pronto vería la luz, y desde entonces he tenido la fortuna de ser su comadrona y acompañarlo como su primera lectora en algunos de sus trabajos (*Los cuentos del doctor,* 2019; *Mata Hari mexicana,* 2022). Hoy, el "santo varón" ha tenido a bien solicitarme el prólogo de la obra que ahora tienen en sus manos: *Los medicamentos. El doctor Fidel y las charas yucatecas,* creyendo que era una buena idea, como encargarle a Judas la tesorería. En fin, que sea bajo su propio riesgo.

Desde su primer texto, me sorprendió que González Durán no fuera nada convencional. Las *memorias* suelen ser engañosas: narran hechos intrascendentes que solo al autor le parecen dignos de consignar en un libro o, conscientes de ello, se inventan vidas de novela, pero resultó que el personaje y su creador sí eran doctores y que ambos tenían una extraordinaria habilidad para meterse en líos, lo que dejaba fuera el aburrimiento. En sus líneas no había artificio ni pose literaria y sí vivencias, emociones y verdades. Su escritura no es la del novelista que se sumerge en archivos o bibliotecas para construir un mundo alterno, sus palabras provienen de la experiencia directa, de los pasillos de los hospitales, los consultorios rurales y de las calles de las ciudades que ha recorrido como médico y como simple mortal en su ya adoptado estado de Quintana Roo.

En el prólogo de *Los cuentos del doctor*, recuerdo que el médico y escritor español Fernando Navarro (Cabrerizos, Salamanca), médico de palabras, hablaba de esa especie particular de escritores que son los médicos. Hombres y mujeres que, al enfrentarse diariamente al dolor, la pérdida y la fragilidad humana, encuentran en la escritura una forma de catarsis, una vía para procesar lo que muchas veces no se puede verbalizar para desahogarse. *El doc* González Durán es uno de ellos. Sus textos nacen de una necesidad emocional, una forma de sobrevivir a lo que duele, una herramienta de comprensión ante lo inexplicable.

Los temas que aborda en la novela *Los medicamentos. El doctor Fidel y las charas yucatecas* son complejos y actuales: racismo, sexismo y, sobre todo, edadismo, esa nueva forma de discriminación hacia los adultos mayores que a veces pasa inadvertida, pero que margina, descarta y silencia. A través del personaje del doctor Fidel Aparicio Dzul —médico mestizo, sabio y sensible que se enfrenta a su propio envejecimiento—, el autor nos lleva a reflexionar sobre los prejuicios que rodean la vejez, situación agravada por la creciente expectativa de vida, y al mismo tiempo nos recuerda que para reinventarse, comenzar de nuevo y seguir aportando el límite es la muerte.

Algo en que se distingue este relato es la manera en que el autor transmite el universo médico de manera accesible para quienes lo desconocemos. No se trata de datos clínicos ni fríos tecnicismos, sino de lo que siente un médico cuando ya no puede hacer más. De la impotencia ante una enfermedad incurable. De la alegría de una recuperación inesperada. De la carga emocional que supone ser testigo del dolor ajeno día tras día.

Cada capítulo puede leerse de modo independiente, como narraciones que dialogan entre sí, pero que también conforman una unidad coherente y muy humana. Esa estructura fragmentada, pero enlazada por un hilo invisible —la sensibilidad del autor— es una de sus virtudes.

Cuando *el doc* me pidió que escribiera esta presentación, el honor me pareció inmerecido. Vivo de leer ajeno, de pulir oraciones y de asegurarme de que las ideas que se quiere transmitir se entiendan. Con este libro me atrevo a decir algo porque tiene lo necesario para entretener, reflexionar, aprender y conocer otros puntos de vista.

Ojalá que esta novela llegue a muchos lectores y cumpla su misión: sensibilizarnos, abrirnos los ojos ante una forma más de discriminación que su suma a las que ya practicamos sin pensar que, con el tiempo, nos convertiremos en los discriminados. Ojalá podamos vivir con dignidad, con respeto y con la posibilidad de seguir soñando sin importar la edad.

Elizabeth González

Dedicatoria

A ese primer idilio

A esa primera luz,
chispa callada en la infancia,
que deja en el alma un anhelo
inolvidable.

Sigue conmigo,
y en su recuerdo
busco,
sueño,
escribo.

Ese amor primero
desata historias,
amores ficticios
que nacen de ella.

Francisco

ÍNDICE

PRÓLOGO 7

DEDICATORIA 11

1. TAFIL 15
Los engramas y las confesiones del doctor Fidel Aparicio Dzul

2. METFORMINA Y ATORVASTATINA 41
La sacudida

3. MARIHUANA, ÉXTASIS (MDMA) Y LSD 65
El viaje a Viena

4. TRADEA (METILFENIDATO) 109
El examen MIR, una discriminación oculta

5. BALCHÉ, SAKÁ 161
Los mayas y el edadismo inverso

6. MOMETASONA INTRANASAL 207
Reinventarse o morir, el tren Maya

1.
TAFIL

Los engramas y las confesiones del doctor Fidel Aparicio Dzul

Desde niño, una idea invade mi mente con persistencia: ¡mi padre no ha muerto!

"¡Qué imagen tan estúpida!", me digo al despertar de mis sueños, ya con la luz del día y el canto de los pájaros en el jardín de mi casa, siempre el mismo grupo de charas yucatecas que en los últimos diez años me despiertan por las mañanas exigiendo su parte de migas de pan.

Durante el desayuno, antes de irme al hospital, me repito una y otra vez "¡qué sensación tan absurda y necia!". Ya estoy grandecito para seguir con este pensamiento. ¡Si lo vi muerto en su cama! Recuerdo que pasó mucho tiempo sin que se moviera y no le oía respirar. Ahora evoco con una sonrisa irónica que le di un beso en la mejilla para que se despertara enojado. A mi padre, los hijos varones solo le podíamos besar la mano cuando nos daba la bendición en la mañana antes de tomar el camión de la escuela; los besos en la mejilla eran exclusivos para mis hermanas. Costumbres de aquella época...

Como película antigua permanece en mis engramas esa mañana del 18 de diciembre en que, por más de dos horas, mientras el resto de mis hermanos dormía, se me encargó no dejar solo a mi padre, o más bien su cadáver, en lo que mi madre solucionaba los trámites del difunto. Y remato refutando mi necio pensamiento: "¡Lo vi en su cajón!" o, mejor dicho, en su ataúd durante el velorio en la agencia funeraria de más prestigio en Mérida, Yucatán, para la ceremonia de despedida. Vi a mi madre llorándolo, a mis conocidos parientes, sus amigos y alumnos, adultos todos y con el coeficiente intelectual adecuado para no ser engañados. A todos ellos los escuché hablar del difunto y de lo que significaba su pérdida.

Confieso que crecí con ese trauma desde los ocho años sin poder resolverlo aún.

Ya como joven adulto, a mis veintiséis años, médico recién egresado de la Facultad de Medicina de la Universidad de Yucatán, durante las prácticas hospitalarias del segundo año rotatorio, falleció el hermano mayor de mi padre, mi tío Daniel, *el Poeta*, por la misma razón: un infarto cardiaco masivo. Los dos eran fumadores empedernidos, y *el Poeta* se había asustado con la muerte de su hermano menor, a los cuarenta y cinco años, y eso lo estimuló para que dejara de pitar, pero las secuelas de haber empezado a los catorce no lo perdonaron dieciocho años más tarde.

La familia decidió enterrarlo con mi padre, en la misma tumba, pues era un lote para dos cuerpos. Aquella solución no me pareció correcta, estaba muy molesto. Siempre pensé que el otro lugar era para mi madre. Ella me tranquilizó: "Sacaremos los restos de tu padre y les cederemos el sepulcro a tus primos. La familia está para ayudarse en estos momentos difíciles. La situación económica no es alegre para ellos".

Así pues, para este suceso se requirió desenterrar los restos de mi progenitor. Recuerdo con sorna que estaba seguro de que se descubriría el engaño del que fui víctima durante dieciocho años y me decía: "Ilusos, ahora verán que la caja está vacía, todo fue un teatro montado por mi padre para irse con su otra familia".

Al desenterrarlo, sin embargo, todo se me aclaró al ver sus despojos en forma de esqueleto junto con sus ropas deshechas por el tiempo. Sin consultarlo con nadie, guardé para mí los ocho huesos del carpo de una de sus manos en mi bolsa del saco. Después, mis hermanos menores confesarían que, al verme hacer aquello, también tomaron dos o tres piezas, de las que luego les dije su nombre y les expliqué su localización en el cuerpo, porque el único que sabía de sus formas, protuberancias y depresiones era yo por ser médico.

Según yo, mi madre aún no lo sabe. Ella conservó la caja con el cráneo y los huesos largos y dio la instrucción de que, al morir ella, la enterráramos junto con los restos. Pasado el tiempo, decidimos como familia que fueran cremados. Sin ponernos de acuerdo, a escondidas de los demás, cada uno devolvió el pedazo del botín escondido. Ahora las cenizas descansan en una pequeña caja que mi madre guarda como un tesoro en su ropero, a la espera de unir las suyas con las de su difunto esposo cuando muera.

Ya como adulto, pensé ilusamente que la exhumación me lo había aclarado todo. Y así fue, en verdad descansé de esta obsesión que me atormentaba, por un momento. ¿Y entonces? ¿Qué me pasa?, ¿aún sigo con esto? Me río por dentro por mi necedad sin cura.

La vida y la imagen del recuerdo del difunto sembrada por mi madre me obligó inconscientemente a imitarlo y, como él, me recibí de médico.

En parte logré hacerlo por vocación propia, y no fui solo médico, también pediatra como él. Una buena razón fue pensar que, al hacerlo, no moriría la causa justa por la salud de los más pequeños que emprendió en vida mi progenitor. Con el tiempo me fui separando parcialmente de sus inclinaciones y me especialicé en cirugía, algo que a él le hubiese molestado. Tenía fama de ser crítico y antítesis de los cirujanos, se ganó el apodo de *Rey de las venoclisis*. Cuentan sus alumnos que estaba prohibido hablar a los cirujanos para acceder a una vena por venodisección en un niño deshidratado, él las llamaba venodestrucciones. Y les decía: "Un pediatra que no puede canalizar una vena, que se dedique a otra cosa… El niño grave puede esperar a que lo estudies una vez estabilizado, pero jamás esperará que no resuelvas lo urgente antes de estudiarlo, un acceso venoso o un apoyo para respirar". No entiendo por qué, si sabía que mi padre no habría aprobado que fuera cirujano, decidí desobedecerlo; tal vez era una forma de confrontarme con él por habernos dejado. Aunque como cirujano siempre lo realizo, jamás accedo a una vena por cirugía sin antes hacer hasta el último intento dentro del tiempo sensato para lograrlo por punción sin sacrificar la vena.

Por otra parte, confieso que, durante el internado hospitalario, al finalizar la carrera, todas las especialidades médicas me gustaban, fue muy difícil decidirse. Tengo tantos recuerdos de cada una...

En mis inicios en la escuela de medicina tuve un mentor muy querido y admirado, el maestro Plácido Rubalcaba, neurofisiólogo, electroencefalografista y psiquiatra, con quien hice un experimento para mi trabajo de tesis acerca de los cerebros de los gatos, a los que hacíamos epilépticos para ver cómo influía este padecimiento en su aprendizaje. Las visitas hospitalarias al pabellón de psiquiatría de hombres, mujeres y niños como estudiante, y más tarde como médico interno de pregrado, me dejaron marcado y con infinidad de recuerdos que aún me acompañan. Era impresionante la manera en que ayudaba a los enfermos que ingresaban al pabellón después de un intento suicida, resultado de una enorme depresión que los había empujado a esa decisión. Para ellos era un gran alivio a su dolor. Una vez curados, salían al mundo ubicados, felices y productivos, y en mi mente joven se grabó un sentimiento de éxito y satisfacción que solo los médicos experimentamos con tal intensidad, tal como ahora lo siento después de resolver en el quirófano un caso que, de no haber intervenido, no habría cambiado la historia natural del padecimiento, el enfermo hubiera muerto o habría quedado con una secuela permanente. Resultados como este hacen que no pocos facultativos se sientan "dioses del Olimpo". ¡La soberbia del cirujano!

Cada vez que discutíamos en sesión los casos de enfermos mentales, el maestro Rubalcaba nos aclaraba magistralmente la fisiopatología de los neurotransmisores, la bioquímica celular de las neuronas, lo que acontecía con el mal funcionamiento de sus mentes. Nos decía, con mucha sencillez, la base de cada medicamento antidepresivo y el efecto de la corriente eléctrica en sus cerebros, con la misma claridad que un cardiólogo lo hiciera con el electrocardiograma o un endocrinólogo con la insulina en los enfermos diabéticos. Nos enseñó a respetar con conocimiento estas patologías, y después de cursar su materia, ninguno de los alumnos se atrevería a expresar con grandilocuencia o ignorancia frases como "están locos", y mucho menos a dar terapias de soberbia diciendo que solo es cuestión de "echarle ganas" y poniendo ejemplos en los que así algunos "enfermos" habían logrado salir de su depresión, afirmaciones tan absurdas como el millonario que logró su éxito vendiendo gelatinas. Nos lo decía muy coloquialmente: "Una golondrina no hace primavera". En la puerta de uno de los pacientes que ocupaba un cuarto aislado del pabellón de psiquiatría, el maestro había pegado un letrero para recordarles a médicos y enfermeros cada vez que entraran: "Prohibido decir *échale ganas*".

El maestro nos espetaba: "Políticos van y políticos vienen, lo mismo que reyes y dictadores, y los historiadores aún se debaten en un pleito sin cuartel acerca de si hicieron bien o mal, si fueron héroes o villanos. A los médicos, eso nadie nos lo cuestionará al ver nuestros resultados exitosos. Salimos con un sentimiento muy personal, muy íntimo y muy grande. ¡Ya chingamos!", nos decía cada vez que un enfermo egresaba curado del hospital. Nadie nos puede negar nuestro éxito.

El maestro Rubalcava, decíamos sus alumnos, era una combinación de Sigmund Freud con el doctor Ramón y Cajal. La mente como función máxima y la neurona como misterio biológico.

Soy un adulto de cincuenta y nueve años, cirujano pediatra "exitoso", lleno de pacientes y de sus familiares que me estiman por haber resuelto las enfermedades de sus pequeños. Como es natural, nadie es perfecto y no dejo de recriminarme que en ciertas áreas de mi vida fui negligente, o tal vez egoísta como buen cirujano: ausencias en presencia, poco tiempo de calidad con mi familia; como esposo y padre salí reprobado, muy reprobado, pues es muy difícil ser médico las 24 horas sin abandonar a tus seres queridos. Ustedes dirán que son pretextos que uno se pone. Quizá. El caso es que, a todos ellos, en especial a los más vulnerables, mis dos pequeños hijos, ahora ya adultos, los dejé con esa misma depresión que quise aprender a curar como médico y que solo un padre narcisista les pudo obsequiar. Me voy a detener en este último punto, porque mis remordimientos de padre no son el tema de mi dolorosa confesión; en resumen, acabé traumando y marcando a mis hijos sin haber fallecido, como me ocurrió a mí a causa de mi padre.

Resultó que ni yo ni ellos tuvimos una figura paterna. Es tarde para lamentarse, solo espero que ellos aprendan de mis errores y mis nietos tengan buenos padres.

Con el avance de los años y la madurez, como fruta ya arrancada de la rama, los achaques de la edad se han venido instalando en mi cuerpo como las manchas en los plátanos cuando dejamos pasar más días de los necesarios para comerlos, y cada día llega con novedades inesperadas. Una de ellas comenzó hace más de tres años: la dificultad para conciliar el sueño. Lo he resuelto como casi todos los de mi edad, con una copita de vino tinto antes de acostarme, lo que poco a poco fue aumentando hasta llegar a despacharme una botella entera. Después siguió el whisky. Adquiría bebidas de la mejor calidad en un intento por anular los efectos colaterales del día siguiente, "la cruda", el dolor de cabeza y la sensación de aire en el cráneo. Mi situación económica me lo permitía, una buena botella de Casa Madero o un vino muy fifí, como se decía en la época de don Porfirio, o de licor escocés de más de dieciocho años. El peligro de este hábito lo conocía bien. Como médico no podía ignorar el daño que me causaba este vicio, así que un día decidí ser congruente, me detuve y me receté melatonina sublingual de 5 mg, que funcionó algún tiempo, pero no calmaba mi ansiedad. Con mi conocimiento de los ansiolíticos, opté por prescribirme Tafil (alprazolam), el de menor gramaje (0.25 mg). Esto me calmó una temporada, y la novedad agradable fue que, al despertar, me sentía lleno de energía y optimismo, aunque con sueños muy intensos, muy vívidos, que recordaba todo el día.

Gracias a mi subconsciente comprendí que fui agresivo con mi madre al culparla de la muerte de mi padre y un ingrato con ella; fui un mal esposo con la mujer que me brindó los mejores años de su vida, y un terrible hermano mayor que no fue capaz de orientar a los menores en sus problemas por la depresión compartida. En fin, mis sueños confirmaban mi historia, sobre todo mi fracaso. Todos los días me recordaban que, como padre autoritario, intenté que uno de mis hijos fuera médico como mi padre y como yo. Error de mi generación fue pensar que el hijo del carpintero sería carpintero; el de abogado, abogado, y en mi familia quise seguir una tradición que, por mi necedad, se terminó conmigo.

Hubo un día en que las dudas que creía resueltas regresaron de manera muy intensa. Empezó después de una guardia en que el servicio de Urgencias se asemejaba a un hospital de guerra: enfermos, heridos y consultas de pacientes pequeños con sus padres angustiados, lo que me hizo tomar café de más. Al llegar a casa, con la adrenalina de lo vivido más las xantinas ingeridas, no pude dormir esa noche. En la madrugada, luego de dar vueltas en la cama, tomé dos tabletas de melatonina de 5 mg que no me hicieron ni cosquillas. Pensé que, tal vez, si me masturbaba, me relajaría, como cuando se termina de hacer el amor y el sueño viene como resultado por fisiología parasimpática —razonamiento de doctor—, pero no pude terminar y mi plan solo hizo que aumentara mi ansiedad. Se me ocurrió entonces, en forma irresponsable, en vez de tomar 0.25 mg de Tafil, ingerir tres pastillas, o sea, 0.75 mg.

Sin darme cuenta, me quedé dormido, aunque, como si de una máquina transportadora se tratase, de repente me encontré caminando en un pueblo hermoso. Por su gente y sus paisajes, me recordó las pláticas que escuché de mi madre acerca de los Altos de Jalisco, lugar de donde eran los antepasados de la familia de mi padre y que, desde su muerte, no volvimos a frecuentar.

El viento mandaba partículas pequeñas que mi sentido del olfato recibía como alergenos con aroma de jazmín y naranja, tal como en mis olvidados recuerdos de muy niño en casa de mi abuela paterna, mi querida Conchita. Al parecer, el Tafil abrió esta barrera de mi subconsciente y toqué el umbral del inconsciente, las memorias olvidadas de los primeros tres y cuatro años, esa amnesia infantil de la que solo nos enteramos por las fotos familiares que nuestros padres han guardado, solo que ahora percibidas con otros sentidos, como si tuviéramos *fotos* o registros de aromas y sensaciones táctiles. ¡Muy raro! Lo que me asustó o, más bien, lo que llamó mi atención, fue que vi, sin poder asegurarlo, a un anciano muy parecido a mi padre. En alguna ocasión platiqué con mis hijos acerca de cómo sería su abuelo ahora, cuando cumpliría ficticiamente noventa años. En ese sueño no estaba asustado, no era realmente una pesadilla, era algo diferente. No sé explicarlo, pero puedo tratar de definirlo diciendo lo que no era: no era miedo ni angustia, tal vez algo parecido a la emoción infantil cuando te dan un regalo en Navidad, algo así. Al comparar la sensación del sueño con mi recuerdo navideño, de pronto volví al mes de diciembre en que murió mi padre, la primera Navidad sin él a los siete días de fallecido.

A pesar de todo, recibí mi primera bicicleta, y se me olvidó por completo la pérdida recién vivida. Me enteré de adulto que fue mi padre quien me la compró; a los ocho años aún creía en la leyenda del viejito barbón.

Todo el día se mantuvo este pensamiento y decidí no volver a tomar aquella dosis, pero era una de esas promesas que, desde que se formulan, uno sabe que no cumplirá. Logré resistir seis semanas. Me ganó la curiosidad de repetir el experimento y de ver si de nuevo mi subconsciente me traía algo más de mis recuerdos borrados. De mis evocaciones propias de esos tiempos, algunas historias no eran reales, eran leyendas archivadas en mi mente que escuchaba acerca de la vida y personalidad de mi padre, en pláticas de mis tíos, sus hermanos menores, y de sus amigos y alumnos.

No soy iluso, a mi edad tengo claro que, una vez muerto el personaje, es raro que alguien hable mal de él y menos delante de su hijo. Alguna vez escuché comentarios rencorosos de sus colegas, pero ellos desconocían mi parentesco.

Uno de mis queridos maestros, el doctor Arturo Peña, al leer una semblanza del eminente Fulgencio Alatriste, me dijo muy en secreto: "Este escrito me da pereza. Esas historias en las que todo es bueno como en la vida de un santo no son ciertas, todos tenemos algo que no se cuenta. Yo sé muchas cositas guardadas del querido don Fulgencio; no era inmaculado". Así fue como, poco a poco, me fui enterando de que mi padre no era "santo de todas las iglesias".

Un gran maestro de la Facultad de Medicina de Yucatán, profesor titular de la clase de Infectología, el doctor Pous Piedra, con unos noventa años a cuestas, a pesar de su edad aún gustaba de participar con los nuevos estudiantes. Tenía muchas cualidades y características que lo hacía "muy taquillero". Sus clases eran muy amenas, llenas de experiencia, y siempre ejemplificaba con casos clínicos reales platicados como una novela. Le encantaba llenarlos de drama y aventura, como si el estudiante que los escuchaba fuera parte de las decisiones en su diagnóstico y posible tratamiento, por lo que complacían a los futuros galenos.

Al llegar a clase el anciano, perfectamente vestido con elegante guayabera blanca y su hermoso sombrero de jipijapa, de esos que no se arrugan por más que los dobles, hacía su entrada caminando lentamente con su famoso bastón, del que todos sabíamos que ocultaba una espada —mi abuelo paterno tenía uno igual, un *verduguillo*—. Sus alumnos ya lo esperaban, e incluso "los intrusos", que ya habían cursado la materia pero querían escuchar las historias, ya que siempre eran diferentes.

El maestro se sentaba en una silla al frente del salón ayudado por su bastón y algún acomedido, y nos sentábamos en el piso en semicírculo, pues las bancas no alcanzaban para su tan concurrida cátedra. Uno de esos días el relato se me hizo muy conocido. Lo había escuchado de algún compañero de mi padre, por lo que al final me acerqué y, sin más explicación, le pregunté si había conocido al doctor Arnulfo Aparicio. En ese momento escuché, una tras otra, las frustraciones, rencores y cuentas pendientes de mi profesor respecto a mi padre. No lo interrumpí, al contrario, le di más cuerda para que soltara la sopa. Todo se reducía a un tema de poder. Cuando el maestro era el jefe de Infectología del Hospital Infantil y con más edad que mi padre, no toleraba tener que pedirle al jovencito ese de Arnulfo su firma para administrar un antibiótico, ¡faltaba más! "Yo sabía de dónde venía la orden —afirmaba con seguridad—, pero ese doctorcito se la creía y revisaba mis indicaciones como si yo fuera su alumno. ¡Faltaba más!". Eran órdenes del director general del hospital, el doctor Fulgencio Alatriste, quien le otorgó ese poder a mi padre cuando se cuidaba mucho la aplicación de estos medicamentos. Estas historias, contrariamente a lo que cualquiera pensara, me hacían admirarlo más. Era un ser humano apasionado que defendía sus posturas con pasión y, en no pocas ocasiones, hasta con beligerancia.

En pláticas con sus amigos, me mencionaron la versión de los simpatizantes de mi padre. Me hicieron saber que el maestro de infectología era enemigo acérrimo de Fulgencio Alatriste, director del hospital y jefe de mi padre, por lo que este quedó en medio, y como persona responsable, siempre tomó las órdenes médicas como lo que eran: órdenes. Era muy meticuloso, revisaba cada indicación, enfermo por enfermo, aunque el experto infectólogo se molestase. Ya con el tiempo, aprendí de mi maestro de cirugía, el doctor Arturo Peña, conceptos parecidos: "Las órdenes médicas no terminan cuando se anotan en el expediente, sino cuando se cumplen. No son favores personales —nos decía molesto—, son órdenes, con su respectiva guardia de castigo". Y así fue hasta que aprendimos, estaba de por medio la vida de nuestros pacientes.

Recuerdo que esta vivencia me hizo trazar un plan para conocer más historias de la humanidad de mi padre y, por qué no decirlo, de su fase pecadora. Tal vez así podría justificar mis aventuras y deslealtades amorosas antes de mi divorcio con mi exmujer, Victoria.

Mi madre, quien siempre nos había transmitido la idea de un padre ejemplar y un esposo perfecto, cuidaba así la mente de sus pequeños como una leona para evitar cualquier pensamiento que lastimase su corazón de huérfanos. Estoy cierto de que su protección ayudó mucho a nuestra psique de niños, pues teníamos a quien rezarle y contarle nuestros problemas al hacer de mi padre un santo. Esa etapa ya había pasado. Éramos adultos vividos, con errores y aciertos, no teníamos un mal ejemplo que justificara nuestro mal comportamiento. Yo, como médico, sabía que las dos razones de nuestro actuar las dictaban los genes y el ambiente, y tal vez necesitaba defenderme con los genes.

En varias ocasiones le había preguntado a ella para que abriera sus secretos y me compartiera alguna historia escondida. Era difícil obligarla a soltar prenda, pues siempre fue una mujer leal hasta la muerte al amor de su vida. Terminaba molesta ante mi insistencia y se encerraba en su cuarto tras un azotón de puerta.

Yo estaba seguro de que había algo oculto, tenía brumosos recuerdos de gritos de mi madre a mi padre, berrinches de esposa joven y caprichosa casada con un médico mucho mayor que había vivido una soltería prolongada. La llenó de hijos, fuimos siete, y el último no había nacido cuando mi padre falleció. El resultado fue una viuda joven y hermosa con seis hijos y embarazada. Aquellas quejas de mi madre eran frecuentes, y tal vez eso me hacía suponer que fue la razón de que mi padre se marchara. ¿Quién aguantaría los alaridos de una loca? Eso explicaba —según yo— mi actuar rebelde y desobediente con mi querida madre, pues la culpaba del abandono.

En una ocasión fui un poco más taimado para obligarla a que me contase algo. Ese día acababa de recibir mi paga, así que le dije a mi madre que la invitaría a cenar. Le pedí que se arreglara muy bien y, arremedando a mi padre, le dije: "Píntate una rayita, Clarita". La llevé a un restaurante muy elegante de reciente apertura en el paseo Montejo. La mesa estaba rodeada de plantas de diferentes tonos verdes y luces de tenues colores que se prestaban para platicar. Nos sentamos y el mesero nos ofreció la carta. Mi madre pocas veces tomaba alcohol, pero ese día me aceptó una copa de vino y pedí una botella. Tuve buen cuidado de solo mojarme los labios cada tanto para no perder la cordura y lograr sacarle hasta el más pequeño detalle.

Platicamos muchas cosas de la familia, de su madre y de su padre (mis abuelos), y así acabamos riendo; ella con dos copas de vino y yo ni un trago. Con tranquilidad le pregunté sobre aquellos eventos en que recordaba oírla reclamar a mi padre, que siempre acababa con la misma sentencia: "Vamos, Clarita, píntate una rayita. Ya vamos tarde y nuestros compadres nos esperan". De repente, ella se abrió. "Te voy a platicar", me dijo muy tranquila y empezó con una frase para justificar su confesión. No la interrumpí, ya había aprendido a no cuestionarla, así que solo la miré.

"Yo era muy insegura y me casé con un hombre muy cotizado. ¡Qué guapo era tu padre! Además de su gran carrera médica, tenía muchos amigos solterones con los que hacía equipo para la parranda, eran unos bohemios. Una vez casado, lo seguían buscando, pero ya no los secundaba y se les escondía, lo que a mí me daba tranquilidad. En una ocasión me dijo: 'Invité a la casa a mi amigo el doctor Cuevas —su compañero aún soltero—, viene a cenar con una amiga doctora'. Me esmeré en preparar una rica cena para darles gusto.

"Yo ya tenía conocimiento de las aventuras de soltero de tu padre con sus amigos: Arnulfo, Carlos Cuevas y Benito Silva; les decían el trío ABC, y para entonces solo Cuevas permanecía soltero. Según tu padre, la cena era porque quería presentarnos a su prometida. Llegó Cuevas con dos amigas y no una como me habían dicho. Serví la cena y fue una situación muy incómoda para mí —porque, perdóname hijito, pero pendeja no soy—. Por entonces estaba embarazada por sexta vez y durante la plática de sobremesa noté miraditas de la otra amiga de Cuevas a tu papá. Decidí retirarme a dormir y me disculpé pretextando molestias, pensando ilusamente que se despedirían, pero, por el contrario, tu papá, que siempre presumía su moderno tocadiscos Fisher, empezó a poner sus mejores discos de baile y empezaron su fiestecita, Cuevas con su dizque prometida y tu papá con la amiguita. Yo solo escuchaba risas y risas, hasta que no aguanté y, de manera muy grosera, saqué la escoba, apagué el tocadiscos y los despedí muy cortante.

"Tu papá no dijo nada, solo me guiñó un ojo sonriendo. Con ese gesto me había conquistado a pesar de ser veinte años más joven que él, y me dijo burlonamente: 'Ay, mi celosita preciosa', y eso sí que me encendió. Quizás esos fueron los gritos que recuerdas de niño".

Después me contó que ella, con el tiempo, entendió que el pasado es el pasado y que se había casado con un maravilloso hombre muy vivido, y que esas experiencias lo hacían el hombre de mundo del que se enamoró. Con esto dio por terminada la única confesión que pude sacarle. Suficiente para justificar mis errores "por mis genes", lo que en realidad es una coartada poco ética.

Infinidad de leyendas de mi padre aún me persiguen. Cada vez salen nuevas y, cada vez, a pesar de haber visto su cadáver, persisten los sueños de abandono por otra supuesta familia al no ser feliz con nosotros.

Seguí sin cumplir mi promesa y esa noche me tomé una copita de coñac de una botella de colección, uno de esos regalos que en ocasiones los médicos recibimos de alcohol fino. ¿Qué pensarán al dárnoslos? Tenía ansiedad por repetir el experimento, así que me di un buen baño caliente, apagué mi celular, oscurecí mi cuarto y puse al máximo el aire acondicionado para que el calor de mi tierra no interrumpiera mi nueva aventura. Verifiqué que no hubiera mosquitos, ya que un piquete o un zumbido sería fatal para mi sueño y con el posible efecto del tan temido dengue.

Tomé mi vaso del buró sentado al filo de la cama y, lentamente, deglutí un sorbo de agua fresca y fría. Respiré como me enseñó mi profesora de yoga, la señorita Magnolia, y me tragué, una por una, cuatro tabletas de Tafil, el miligramo completo. La combinación empezó a hacer su magia y de nuevo me encontraba caminando por oníricos parajes.

Ahora que les cuento mis sueños, estoy cierto de que son eso, sueños, pero cuando suceden, son muy reales.

Demasiado, diría yo, o como nos decía entre bromas mi tío Carlos, *el Jurista*, otro de los hermanos menores de mi padre: "¡Qué verdad más verdadera!". Jamás había soñado así, el Tafil hace magia en mi cerebro. Mis pensamientos son claros como el agua, incluso al abrir los ojos lo hago excitado, incrédulo o asustado, sin saber si al despertar empiezo a soñar o acaba de terminar mi sueño. Es como un estuario donde se mezclan el agua salada —mi vida real— con el agua dulce —mis ilusiones—. Busqué como médico lo que esto significa, obviamente sin pastillas. Los neuropsiquiatras lo definen como crisis crepusculares, en las que a los pacientes les cuesta trabajo separar el sueño, ilusión o ficción de la vida real. Espero con esto comunicarles lo complejo que es el cerebro y lo muy peligroso que mi experimento era.

Los sueños que tenía cada día me acercaban más a mi padre, sentía que estaba a punto de encontrarlo y de demostrar que, en realidad, no había muerto, como siempre me habían dicho, no me bastaban la razón y la cordura de mis vivencias durante casi sesenta años. Esta vez decidí parar. Me prometí con seguridad no volver a hacerlo. Conozco mi responsabilidad como cirujano al tener entre mis manos la salud de mis pequeños pacientes, pero me consumía el ansia por terminar esta aventura, así que pedí mis dos periodos de vacaciones juntos. Hacía más de tres años que no había ejercido este derecho y había perdido los anteriores porque ahora, solo y con hijos adultos con sus vidas propias, ¿a que salía? Además, el hospital me alegraba, no solo por los casos complejos y el agradecimiento de los padres, que se convirtió en droga para el ego, sino porque me había enamorado de una hermosa doctora mucho más joven que yo, y verla a diario me llenaba la mente de imágenes e ideas para escribir poemas, lo que me hacía vivir ilusionado un amor secreto, pues ella no estaba enterada.

Para mis vacaciones me recomendaron ir a Xpu-Ha, una playa virgen y hermosa en el estado vecino de Quintana Roo, cerca de la ciudad de Playa del Carmen. Me pareció un buen lugar para mi retiro espiritual. Un buen amigo, el doctor Geovanny Acevedo, conocía a las dueñas de unas hermosas cabañas, unas viejecitas muy lindas que siempre estaban discutiendo, y me aseguró que me atenderían con esmero.

Al salir del hospital, mi amigo me abordó apresuradamente: "¡Qué bueno que te encuentro! Te tengo una muy buena noticia. Cerca de Xpu-Ha vive una gran amiga, médico pediatra venezolana, que actualmente se dedica a otra cosa, y es contemporánea nuestra. Tal vez simpaticen", y me enseñó un retrato de ella. Lo vi sin emoción alguna. No puse mayor atención, pues mis pensamientos estaban en que dejaría de ver a mi musa.

Empaqué lo necesario y, por supuesto, pasé a la farmacia para comprar una caja con 30 tabletas de Tafil de 0.25 mg. Antes de guardarla, estuve a punto de tirar 26 y solo quedarme con cuatro para no caer en la tentación de tomar de más. Tenía la idea de hacerlo otra vez únicamente, como en alguna ocasión lo hice con el alcohol: tiré el resto de una botella de vino cuando no controlé el "solo dos copitas", lo que me ocasionó romper mi promesa, discutir con mi ex-mujer y tener sentimientos de culpa. Aunque esta vez nadie me vigilaba, temía que, al estar solo, no pudiera controlarme y volverme adicto. Un miedo muy sano que nos protege como especie pensante. Pero respiré y me dije: "Para eso pediste vacaciones. No las tires. No sabes cuántos sueños necesitarás para terminar este sentimiento añejo".

Mi amigo Acevedo, conociéndome, me recomendó con su amiga, la doctora Adriana, quien me contactó desde el día en que llegué, por lo que debí posponer mis sueños. Disponía de casi un mes de descanso, tiempo suficiente para socializar un poco, así que la invité a la playa. Quedé sorprendido al verla y me costaba trabajo no evidenciarme, no podía dejar de admirar su belleza, sus hermosas caderas, hombros esbeltos y pelo negro azabache. Las ancianas anfitrionas, doña Noa y María Isabel, nos mandaban a sus nietas, dos hermosas niñas de unos cinco y seis años, Yumara y Naomi, morenas, delgadas y muy bulliciosas, que jugaban a ser meseras. Iban y venían corriendo al borde de la playa, donde el agua era una larga y gran lengua que les lamía los pies y les provocaba risas que se mezclaban con el viento y el sonido del mar. Traían bebidas y botanas y recogían los desechos correteando a sus anchas.

Comimos botanas de pescado y bebimos mojitos cubanos. El ron me sentó muy bien y poco a poco me sentí cómodo y dejé de mirar los atributos físicos de Adriana, ahora estaba concentrado en su mirada y en sus palabras. Platicaba con frases muy diferentes a las que estaba acostumbrado, tenía conceptos y afirmaciones muy suyas, y su acento terminó por conquistarme.

Aquel día que había empezado a las once de la mañana proseguía con la luz de la luna. Estábamos sentados en hamacas, lejos de la civilización. La cabaña que renté era la más alejada de la que hacía las veces de recepción. Yo escuchaba con mucha atención la historia de la vida de Adriana. Pediatra en su país, con dos hijas, tuvo que emigrar para evitar una relación varonil peligrosa para las tres. Al llegar a México con sus dos pequeñas, se enamoró del lugar. Aquí conoció a un médico chino, un verdadero maestro de la acupuntura, por lo que fue su asistente y alumna por más de diez años. La mandó por dos años a China a perfeccionar sus terapias con la única condición de regresar a México y establecer aquí una escuela. La misión del maestro era infiltrar la medicina milenaria en nuestro país y ella sabía bastante, era más efectiva que la yoga o las terapias psicológicas que conocía. Con aquella inesperada charla, olvidé mi plan con el Tafil.

En algún punto nos quedamos dormidos en las hamacas. Descansé como un bebé después de comer. Al despertar ya no la encontré, pero me dejó una nota: "Me encantó conocerte. Hacía mucho tiempo que nadie me escuchaba como tú". Me reí al recordar mis errores como esposo y como padre cuando me reprendían: "¡Deja hablar a los demás! ¡No te apoderes del micrófono!". Algo había aprendido después de todo. Ella trabajaba todo el día. Tenía su consultorio lleno, daba consultas y terapias, así que no la vi las siguientes jornadas, pero no dejé de pensar en ella.

Durante ese tiempo medité mucho en esa hermosa playa. El agua era virgen, como si de una isla desierta se tratara, tan clara y transparente que veía la arena moviéndose al caminar por la playa, los pececitos que me picoteaban los pies y estrellas de mar cerca de la orilla. Lo mejor era el silencio que hacía que me fijara en el rumor del viento, al que se unía el producido por el ir y venir de las olas.

Recibí una invitación para ir a su casa, una cabaña muy rústica e impregnada de personalidad femenina. Se respiraba tranquilidad y armonía, así que, sin dificultad, sentí una gran atracción y confianza hacia ella. Vivía sola. Le pasó lo que a todos los padres les espera: los hijos crecen y se van. Ahí mismo daba sus consultas y tratamientos, era una terapeuta muy cotizada.

Cada vez la sentía más cercana. Después de muchos errores en mi segunda vida de soltero, ya había aprendido que a una mujer jamás se le roba un beso. Mi hijo mayor, Matías, me lo enseñó. No deja de ser gracioso que, para un hombre mayor, al quedar libre de nuevo, su hijo sea su maestro. Los tiempos son muy diferentes y lo que ayer era verdad, ahora no funciona. "Si la quieres besar, se lo preguntas", me explicaba. Algunas veces lo hice y salí airoso; otras, me respondían: "Eso no se pide, lo tomas y ya". Así era en mis tiempos, pero después del primer desaire, ya no te quedan ganas de intentarlo; además, si al pedirlo te dicen que no, ya es difícil componer esa amistad. En esta ocasión no quería perder esta posibilidad y decidí seguir así, esperando. Lo que mi hijo me recomendó: "Deja que ella tome la iniciativa, eso las hará sentirse mejor; las mujeres de hoy no son como las de tu época".

En nuestro último encuentro, después de platicar sobre nuestras vidas, con gran experiencia me sacó la verdad y motivo de mi viaje a este hermoso lugar. Toda mi historia, desde niño. Encendió unas pajillas de incienso y me preparó un té, del que solo pude distinguir la canela y tal vez manzanilla, pero algo tenía diferente. No quiso decirme qué cuando le pregunté. "¡Me tienes confianza!", replicó. Y que solo mucho tiempo después supe qué era.

Sacó unas agujas muy delgadas y filosas y, sin preguntarme, me las ensartó en la cara, cuello, espalda y pecho. Dejó un área libre para lo que seguía. No sentí nada, lo hizo con un movimiento rápido y silencioso como una gata.

Llegó la noche, solo nos iluminaba la luna, la diosa Ixchel estaba presente. Se puso frente a mí, me dio instrucciones y pronunció un rezo diferente de amor y perdón. Me pidió repetir unas frases al tiempo que me hacía golpear con las yemas de mis dedos mi frente, ojos, boca, nariz y corazón. Ella me indicaba y repetía una y otra vez, "golpecitos suaves y frecuentes, ¡vamos, tú puedes!". Después me enteré de que eso se llamaba *tapping*. Confié en ella e hice todo lo que me decía. En dos semanas se lo había ganado.

"Querido padre...", repite, me dijo, y así empezó la letanía que había preparado para mí. "Querido padre, aquí está tu hijo pequeño de ocho años para decirte que te perdono por habernos dejado, aunque nos hiciste mucha falta. Sé que no quisiste hacerlo, pero quiero que sepas que todos te extrañamos. Mi madre hizo un buen trabajo por ti."

Y así prosiguió con la lista de afirmaciones. Era sorprendente lo que había aprendido de mí en tan poco tiempo. Mis ojos dejaron salir las lágrimas guardadas desde hacía mucho. Jamás lloré desde que mi padre murió. Cuando la ocasión ameritaba hacerlo, mis hijos criticaban mi impasibilidad y me apodaron *la Roca.*

Lo más impresionante de ese momento fue que ella lloraba conmigo, me acompañaba en mi confesión guardada por casi sesenta años. Seguimos su escrito, ahora con toquecitos en el pecho cerca del corazón: "Quiero decir que voy a dejarte descansar, que hoy empezaré mi vida propia. Ya no trataré de imitarte. Somos dos personas diferentes, aunque tus genes me acompañen. A estos prometo cuidarlos, estarás orgulloso de tenerme como hijo. Adiós, papá".

Sentí una gran paz. Adriana me abrazó y lloramos toda la noche. Me dio un beso cariñoso en la frente y me despidió. Al final me dijo: "Me costó mucho trabajo decidirme a ayudarte. Hay un principio que no puedo cambiar, que no puedo traicionar. Soy como una monja, es un juramento y tengo prohibido relacionarme con mis pacientes. Sé que al hacerlo renuncié a algo hermoso, pero al ver que no me pediste un beso y sentir tu dolor vivo, elegí ayudarte y renunciar a ti". No hice caso del consejo de mi hijo y le robé un beso. Me lo respondió con pasión por casi dos minutos y de repente paró. Con lágrimas en los ojos, sin hablar, entendí y me fui.

Llegué a mi cuarto, tomé la caja de Tafil y la tiré completa en el inodoro. Adriana desapareció de mi vida, mas no de mi pensamiento. A menudo evoco esta historia. Ella era igual con todos sus pacientes, lo que me recordó, ahora sí, mi misión de cirujano pediatra. Y dejé descansar a mi padre.

2.
METFORMINA Y ATORVASTATINA

La sacudida

"¡No puede ser! ¿Qué me pasa?", pensó con angustia el cirujano Fidel Aparicio Dzul, veterano experimentado de sesenta y tres años que, mientras hacía una sutura vascular de la vena ilíaca externa izquierda durante una laparotomía exploradora, sintió que perdía la visión del ojo izquierdo. En la mesa se encontraba un menor de trece años con herida por proyectil de arma de fuego en el abdomen. La jefa de anestesia, Lupita Barraza, preguntó al darse cuenta:

—¿Está bien, doctor? ¿Se siente bien?

—Sí, tranquilos —respondió Fidel con voz entrecortada por el miedo.

No sabía la razón de su pérdida visual unilateral. Pidió a la enfermera circulante que le limpiara el sudor de la frente, pues las gotas le caían como chispas de lluvia en el campo quirúrgico.

El jovencito estaba a punto de viajar al inframundo maya. Hun Ahau, el dios de la muerte, lo esperaba. El equipo médico no lo permitiría. Mientras dormía, no estaba enterado de su agonía. Los anestesiólogos controlaban las pérdidas de sangre pasándole soluciones intravenosas y sangre a chorro, y le exigían angustiados a Fidel que parara el sangrado.

El joven e inexperto médico interno que lo asistía, excitado y muy emocionado por el caso tan estresante que vivía por primera vez, ignoraba por completo lo que le ocurría al cirujano.

Al fin terminó la intervención. El equipo respiró aliviado luego de haber sacado adelante al muchacho, y el médico interno experimentó por primera vez, a pesar de no ser el responsable directo, esa felicidad del deber cumplido, ese sentimiento al que uno se vuelve adicto. Imagino que es algo parecido a lo que un bombero siente al apagar un gran incendio o un soldado al defender su patria.

Fidel se sentó en un banco sin abandonar al paciente mientras se preparaba todo para trasladarlo a terapia intensiva. Se tapaba el ojo, lo apretaba esperando recuperar la vista, estaba atemorizado.

Acompañó a su paciente hasta que estuvo estable en su cama de terapia intensiva, y así lo entregó con minuciosidad al jefe del servicio, el doctor Eduardo Cobián. Esto lo aprendió desde que fue residente de cirugía. Su maestro, el doctor Arturo Peña, lo había entrenado así; "lo que bien se aprende, no se olvida", les sentenciaba siempre. El doctor Peña, su mentor, les decía a sus alumnos: "La cirugía tiene tres etapas, todas igual de importantes: el preoperatorio, en el que se decidirá el momento adecuado para intervenir quirúrgicamente al enfermo; el transoperatorio, en que se actuará con seguridad y conocimiento: saber qué hacer, pero, sobre todo, qué no hacer; y el posoperatorio, en ocasiones el más importante, la recuperación completa. Así que Fidel repetía las enseñanzas a sus alumnos: "Un cirujano que solo se ocupa de la cirugía —repitiendo la muletilla—, ¡no es cirujano!, es un operador".

Una vez que entregó al enfermo, le indicó al interno que aún sonreía emocionado: "Acompáñame a mi oficina". El estudiante tecleaba las letras de la computadora con gran velocidad para no perder ni una sola palabra del cirujano que le dictaba la nota operatoria.

Fidel seguía tapándose el ojo izquierdo esperanzado en que esto aliviara su malestar. Aun siendo médico, no sabía qué le estaba pasando. Tenía muchos conocimientos actualizados de cirugía de niños, daba conferencias frecuentemente, pero de oftalmología solo recordaba una parte del curso mientras estudiaba la carrera de médico general.

Una vez que terminó sus pendientes, se refugió en su computadora para buscar información. Se enteró de que la gran mancha negra que apareció súbitamente en su visión como si hubiera recibido una inyección de tinta china en el ojo, esa sombra que iba y venía dejando asomar de vez en cuando un bosquejo de luz y que poco a poco se desvanecía como una gran telaraña ondulante, técnicamente se llamaba miodesopsias, y que los destellos luminosos como relámpagos eran por la íntima cercanía del cuerpo vítreo con la retina. Así, sin ser oftalmólogo, se había diagnosticado desprendimiento del cuerpo vítreo. Toda esa tarde y noche, durante lo que restaba de su guardia, estudió el tema, y su conclusión le hizo decir con enfado: "¡Qué jodido es envejecer!". Su visión fue mejorando, pero de vez en cuando volvían esas manchas negras que, como velos, danzaban flotando en su ojo, y al fijar la mirada, súbitamente aparecían otros destellos de luz, como *flashes* de lámpara a punto de fundirse.

Transcurrió su guardia, estaba más tranquilo. Por lo menos su ojo derecho no le molestaba. Para entonces ya sabía que los rayos de luz que experimentó eran el aviso de un evento catastrófico con probable desprendimiento de retina y la posibilidad de perder la vista por completo. A nadie le dijo nada, no quería dejar su trabajo. Se hizo terapia personal para no tener miedo. Entregó sus enfermos a su compañero y amigo, el cirujano pediatra Francisco Melgarino. Los dos compartían la visión de que los pacientes no se delegan. Como dictan los grandes maestros de la cirugía, las complicaciones posoperatorias son del cirujano que tomó el caso, y ellos hacían equipo avisándose de cada uno de sus pacientes.

Por desgracia, había otro cirujano que tuvo mala escuela, y cuando se le hablaba para informarle de sus pacientes que requerían su presencia por la mala evolución, o se le solicitaba como responsable para opinar o dar su visto bueno en una decisión compartida de manejo, una cortesía médica elemental, contestaba con enfado: "Yo me desligo del hospital al salir, no es mi turno, no es mi paciente, son pacientes del hospital. Ya cumplí con mi horario, me molesta mucho que me hablen". Esto hacía el trabajo más pesado, pues además de los pacientes propios había que resolverle las complicaciones al *operador*, doctorcito que resultaba un mal ejemplo para los futuros médicos jóvenes. Siempre hay alguien que aprenderá la escuela del menor esfuerzo, desgraciadamente.

Al salir, fue a buscar a una oftalmóloga muy reconocida, la doctora Catherine Fernández, cuya agenda no tenía citas disponibles. Su asistente le pasó el mensaje del médico. Ella salió y, después de escuchar su problema, con amabilidad le dijo: "Tranquilo, doctor, con gusto lo reviso. Hizo muy bien en venir, qué bueno que esté asustado, yo también lo estaría". El solo hecho de verla, aun antes de ser revisado, lo había calmado. Es un poder curativo inexplicable que muy pocos médicos tienen y que solo se transmite cuando se ama la profesión que uno ejerce. Ella lo tenía.

La oftalmóloga le dilató las pupilas y lo revisó minuciosamente con profesionalismo y empatía. Mientras lo exploraba, dictaba los hallazgos a su asistente. Fidel escuchó "anillo de Weiss" y, en ese momento, Fidel corroboró su diagnóstico. Estaba en lo correcto. Ya para entonces había leído mucho sobre el tema, le angustiaba saberse afectado permanentemente, ya que, para ejercer la cirugía, dependía de sus ojos.

La doctora le explicó con mucho detalle; el que su enfermo fuera médico no fue impedimento. Para ella era un paciente muy especial. Entre los médicos hay una mística: cuando un compañero se pone en sus manos, es un honor indescriptible.

—Doctor Fidel —le dijo suavemente—, quiero que esté tranquilo. Su retina está perfecta. Seguirá con estos síntomas y poco a poco se acostumbrará, aprenderá a ignorar esas sombras, ya no serán tan grandes como la primera vez. Mientras tenga nuevos eventos, lo estaremos revisando. Lo espero en dos semanas.

Fidel agradeció y pasó a pagar su cuenta. La doctora salió de inmediato para cancelar el pago y le dijo a la cajera:

—El doctor no debe nada. Mis maestros me enseñaron que "entre sastres no se cobran las puntadas". Tranquilo, doctor, aquí tiene una amiga y compañera.

Fidel sintió un agradecimiento muy especial y corroboró que tenían la misma escuela. Catherine le dio un abrazo.

Estaba preocupado, más que triste. Había recibido en esta ocasión una sacudida mayor, la vida lo enfrentaba una vez más a su realidad. Los años pasaban y, como decía su madre: "No es lo mismo *Los tres mosqueteros* que *Veinte años después*, hijito". Ya no tenía la misma energía. Muchas veces, al terminar una cirugía de más de seis horas, llegaba a su casa con ganas de no hacer nada. Esto era nuevo. De recién egresado podía estar todo el día en el quirófano como si nada.

Dos años atrás se le había manifestado un malestar insoportable al dormir de lado sobre su hombro derecho, y de igual manera que ahora, informándose en internet había llegado al diagnóstico. Al consultar al especialista, en aquella ocasión un ortopedista, le dijo: "Tienes lo que se conoce como 'hombro congelado', es algo común a tu edad. El tratamiento es paciencia. Te ayudará mucho la terapia física, y te sugiero practicar la natación".

“Apenas me estoy recuperando de mi hombro, ¿y ahora esto? —pensó con enfado—. Esa pinche frasecita se vuelve a repetir: ‘Es algo común a tu edad’, lo mismo que le había dicho la doctora Catherine”. Decidió guardar el secreto, a nadie le compartió su problema. Todo quedó entre ella y él.

Tenía mucho tiempo que no se hacía una buena revisión médica a pesar de ser doctor. La norma entre los profesionales que trabajan y trabajan acaba por ser real: “en casa del herrero, azadón de palo”. El susto lo hizo recapacitar y corrigió su negligencia. Acudió al laboratorio muy temprano e hizo que le tomaran la batería de estudios de rutina. Lo acompañó su hermosa novia, también doctora, aquella a la que amó en silencio y a la que durante años le escribió poemas sin que ella se enterara. Después de la vivencia con su terapeuta venezolana en la hermosa playa de Xpu Ha, la doctora Adriana le hizo cambiar de actitud y decidió confesarse con su musa. La verdad es que ella ya lo sabía, pero disfrutaba no darse por enterada: así era feliz, amada en secreto.

Su compañera revisó la solicitud de estudios de laboratorio, verificó que no faltara ninguno. El que más le angustiaba era el antígeno prostático porque su padre había fallecido de cáncer de próstata exactamente a la edad del que ahora era su novio; aunque no lo veía como a un padre, su edad se lo recordaba.

Pasados unos días, Fidel recibió los resultados y no le dijo nada a Romina, su joven compañera. No quiso abrir el sobre y decidió consultar a su amiga de la Facultad de Medicina, Alina Ibargoengoitia, internista destacada, primer lugar de su generación de la Universidad de Yucatán y jefa de la sala de Medicina de Hombres en el Hospital O'Horan. Hacía poco la habían propuesto como secretaria de Salud del estado. Su principal carta de recomendación era haber curado al padre del gobernador actual, pero ella no aceptó. Su argumento: "Soy médico, no burócrata, para ese puesto hay muchos candidatos mejores que yo; para el mío, muy pocos. No me puedo desligar de mis enfermos". El gobernador la respetó más y ganó que su servicio tuviese más presupuesto que otros. Ahora entenderán por qué Fidel quería que ella lo atendiera.

Estaba en la sala de espera como un paciente más, sentado sin que su espalda tocase el respaldo del austero asiento, solo las puntas de los pies tocaban el piso y no dejaba de mover ambos muslos con temblorosas vibraciones. Sus manos sudadas apretaban el sobre de los resultados aún cerrado. Estaba nervioso. De repente escuchó su nombre.

—¿Doctor Fidel Aparicio?

—Sí —contestó de inmediato.

—Pase, doctor —le dijo la asistente amablemente y agregó—: la doctora lo espera.

Cuando entró, la doctora se paró con su impecable bata blanca y el estetoscopio colgado al cuello. Le sonrió con ternura y le dijo con sorpresa:

—Fidel, ¡qué gusto! ¿Cuántos años de no vernos? Con eso de que tú vas al hospital los fines de semana y yo entre semana... ¡Qué alegría verte!

El abrazo inicial lo tranquilizó mucho, como cuando de niño corría a los brazos de su madre ante cualquier peligro y así calmaba su ansiedad. Platicaron y se actualizaron en noticias no sin antes recordar algunas historias compartidas de sus años iniciales en la carrera.

—Bueno, Fidel, empecemos.

Así, el doctor se convirtió en paciente. La historia clínica se realizó con detalle, con la minuciosidad característica del internista, como en las novelas de Conan Doyle, *El regreso de Sherlock Holmes* se hacía presente. Empezaba su investigación, la toma de datos fue muy completa y la exploración física impresionante. Fidel comprobó que las de él dejaban mucho que desear; no por nada ella era el mejor primer lugar de muchas generaciones.

Al terminar, revisó los estudios. No los quiso ver antes de lo básico: la historia clínica completa. Fidel seguía el suave movimiento de sus ojos, como un buque en altamar lentamente llevados de un lado a otro, recorriendo cada renglón, subrayando con amarillo algunos datos. Enseguida tomó la radiografía de tórax, la colocó en el negatoscopio con elegancia y seguridad y la analizó con detalle, como ambos habían aprendido de su maestro de Neumología, el doctor Juan Alberto Durán, en un orden bien establecido para no olvidar nada. Primero observó los tejidos blandos, después el esqueleto: clavículas, costillas y columna vertebral, prosiguió con los hemidiafragmas, el mediastino y, por último, el parénquima pulmonar. Al final solo dijo: "Sigamos", como organizando la información. Se sentó nuevamente, tomó su regla del escritorio y extendió el papel del electrocardiograma. Hizo operaciones con su calculadora. Respiró mirando fijamente a Fidel y le preguntó:

—¿Estás listo para escuchar tu diagnóstico?

Fidel estaba impresionado, ya no veía a su excompañera, ahora era un ejemplo, ese que solo conservan los buenos maestros. No respondió, estaba hipnotizado por este espectáculo de arte y medicina, era una ceremonia como dictan los grandes libros de clínica francesa, un verdadero ritual. Nuevamente le preguntó:

—¿Estás listo? —y lo sacó de su ensimismamiento como a un paciente con déficit de atención. Estaba en su mundo romántico de la medicina y se olvidó de ser el paciente, estaba en una película.

—Sí, perdón —se disculpó.

—Tranquilo, amigo —le dijo suavemente—, tu diagnóstico es muy sencillo, ¡tienes 63 años! Todo dentro de lo esperado, solo me preocupan tus niveles un poco altos de colesterol, tu hemoglobina glucosilada limítrofe y, con los antecedentes de tus familiares, te indicaré en forma preventiva, como prediabético, Metformina y Atorvastatina, la primera de 500 mg por las mañanas y la otra, de 20 mg, por las noches. Sigue con tu natación, eso te hará sentir mejor. Haz todo lo que tu oftalmóloga te indique y te veo en tres meses con nuevos estudios. Sigue con tu vida normal, amigo, aún te necesitan muchos pequeños pacientes que requieren cirugía. Estoy enterada de tu trabajo, te felicito, Fidel. Así es la vida del médico, no somos toreros para retirarnos, a nosotros nos retiran los pacientes. Mientras los enfermos nos busquen, no nos queda de otra. Consigue un colega joven a quien le transmitas tu experiencia y, a cambio, te preste sus ojos, oídos y juventud.

Su asistente entró sin tocar y le dijo:

—Doctora, tiene tres pacientes pendientes; ya se están desesperando.

Fidel entendió y se despidió muy agradecido. Ella le contestó en broma a su secretaria:

—Precisamente por eso se llaman pacientes. Diles que tengan paciencia, a todos los atenderé.

Al salir del consultorio, Fidel llamó a su asistente y le pidió que cancelara todas sus consultas de ese día.

—Discúlpame con los padres, diles que tengo un compromiso importante. De ser urgente, diles que se comuniquen con el doctor Ponce —su compañero y amigo, no sin antes hablar con él para que lo ayudase—. Los que quieran esperarme, los veré mañana —y repitiendo la frase de Alina—: Acuérdate de que son pacientes, diles que tengan paciencia.

—Ay, doctor, qué cosas dice —contestó Lizet riéndose.

Así fue como se regaló la tarde, algo que nunca hacía y, sin pensarlo dos veces, apagó su teléfono celular. Se fue caminando por la avenida Itzaes que le traía recuerdos de su vida adolescente. Ahí estaba su hospital y su escuela. Caminaba sin rumbo, en sentido contrario a su casa. Llegó al parque zoológico El Centenario, entró y se sentó en una banca frente al campo de las jirafas recordando cuando llevaba a sus hijos de pequeños, aún tenía grabadas las vocecitas y las risas en su mente. Aunque ya fueran mayores, para él eran sus niños. En sus pensamientos, el viento en su cara lo acompañaba, una función que jamás pensó que tendría. Así de solo se sentía.

Lo atormentaba el futuro, tenía un presente hermoso como cirujano y una ilusión que lo había resucitado al intentar formar una nueva familia con su joven y hermosa Romina, cuyo nombre sonaba muy dulce en su mente. Ese día ella estaba de guardia, era una talentosa y dulce neonatóloga a la que le gustaba hablarles a sus pequeños pacientes prematuros en la Unidad de Cuidados Intensivos Neonatales mientras sobrevivían gracias a la medicina moderna: sofisticados ventiladores para ayudarlos a respirar, antibióticos en complejas asociaciones para atacar toda la gama de bacterias y hongos que querían invadir ese cuerpecito virgen con defensas inmaduras, bombas de aminas vasomotoras para que su corazón no dejara de trabajar, pero, sobre todo, cálculos matemáticos complejos para indicar una alimentación parenteral que le diera los elementos más importantes para crecer y resistir.

Romina tenía una visión muy particular de sus prematuros graves. Además de todo lo mencionado, les hablaba con cariño queriendo proteger sus pequeños pensamientos, si es que ya los tenían, y les decía, con esa voz que conquistó a Fidel: "Te doy dos moneditas de oro si me dices lo que estás pensando, angelito". Por eso fue que, durante más de dos años, Fidel mantuvo su amor en secreto. Resultó que ella también estaba enamorada de él, pero nunca se imaginó que ese señor se fijaría en ella. Una vez que se descubrieron, ella le dijo que lo primero que le había gustado era la habilidad de sus manos para resolver los accesos vasculares en sus niños, o las grandes cirugías en un pequeño cuerpo con malformaciones congénitas.

Fidel se cuestionaba con incertidumbre:

—¿Qué haré el día que no pueda operar? ¿De qué viviré?

Nunca pensó en su retiro, no tenía ahorros para dejar de trabajar. Heredó en vida a sus hijos, como su madre lo hiciera dentro de sus posibilidades de mujer viuda y sola. Ella les decía: "Tu herencia son tus estudios". Así que él, igualmente, les patrocinó las mejores universidades a sus hijos, y al divorciarse, todo su patrimonio de treinta años de casado se lo dejó por completo a su compañera de vida; se lo merecía, había sido una leal pareja y madre de sus dos hijos.

Al firmar el divorcio, le dijo: "No quiero nada, solo mi estetoscopio, mi pluma y mi recetario. Con eso puedo vivir sin problema". Pero más que el retiro y el dinero para vivir, no dejaba de sentir que la medicina era su más leal compañera, una amante difícil de dejar.

De repente, el ruido de unos niños gritándoles a las jirafas lo despertó de su ensoñación, pero prosiguió con su soliloquio silencioso.

Lo que más le angustiaba era ser un "viejito" para su novia. Pensaba en las estrategias que tendría que tomar para no preocuparla, pero, sobre todo, se había prometido jamás ser una carga para quien empezaba una vida como compañera de un hombre mayor. La vida, con esta nueva sacudida, lo había ubicado en su realidad de una forma poco amable, con enfermedades con un título poco placentero. "Es lo normal, lo esperado para tu edad". "¡Qué jodido es envejecer!", se dijo una vez más.

Por las noches tenía pensamientos en forma de sueños un tanto sesgados por sus actuales preocupaciones. En ellos se veía en un asilo de ancianos con Alzheimer, y ella, su Romina, como una linda enfermera cuidándole, bañándolo y dándole de comer. ¡Eso no es justo para ella! ¿Qué hacer? ¿Terminar la relación sin más explicación para evitar su lástima y forzarla a seguir? ¿Decirle lo que pasaba y que ella decidiera, luego de agradecerle el tiempo que le obsequió?

Regresó a casa. Ella seguía de guardia. Prendió su teléfono y respiró aliviado al ver que no tenía llamadas perdidas de Romina. Pensó con sorna: "Imagino que la guardia está muy pesada". Por la noche lo corroboró. Al llegar, la joven empezó a platicar su jornada.

—¡Ay, vengo cansadísima! —le dijo—. Necesito que me des un buen masaje en cuello y espalda. Tuve que hacer dos exanguinotransfusiones en unos gemelos, hacía mucho que no tenía una guardia tan pesada.

Después del masaje se quedó dormida. Fidel no podía conciliar el sueño. De por sí por la edad ya le daban esos achaques, ahora con la preocupación se quedó con los ojos abiertos, viendo figuras en el techo y rumiando sus pensamientos.

Por la mañana empezaba a salir el sol y las charas yucatecas manifestaban su presencia. Romina lo movió molesta: "¡Ahí están tus amigas que vienen por su pan! —le dijo—, no entiendo por qué las entrenaste así. Extraño dormir hasta que mi cuerpo quiera".

Era viernes, el único día de la semana en que podían despertar tarde y desayunar juntos. Así es la vida de las parejas de médicos, ambos esclavos de sus enfermos y de las guardias. A veces coincidían, pero, aun así, ella permanecía encerrada en terapia intensiva neonatal, y Fidel en urgencias y en quirófano. Solo se veían cuando Romina, como neonatóloga, necesitaba la ayuda del cirujano. De todas maneras, eran muy discretos. En el hospital nadie sabía de su relación, en el trabajo se hablaban como si no se importaran.

Fidel se levantó para dar los pedacitos de pan a los hermosos pájaros de plumas azul turquesa y cuerpo negro que, con su pico amarillo como el oro, le alegrarían a cualquiera el día, pero no a Fidel esa mañana. De repente se vio como un viejito en el parque de una iglesia colonial esparciendo migas a las palomas y sintió un escalofrío. Recordó que tenía que hablar con Romina, pues aún no estaba enterada del malestar de la vista y de la consulta con Catherine.

Fue a la cocina, sacó ese delicioso café que le traían de Chiapas, de las frías y hermosas montañas del bosque de Chilón, donde Fidel había realizado su servicio social como médico a punto de graduarse. Mientras lo preparaba, recordó a su fallecido amigo, el padre Mardonio, sacerdote de esa región, y sobre todo sus palabras y consejos. El religioso, ya anciano, siguió trabajando en las comunidades de indígenas tzeltales a pesar de padecer cáncer avanzado de próstata; su amigo decidió morir trabajando, nunca lo oyó quejarse. Mardonio tenía una cualidad muy especial que lo hacía ganarse el cariño de sus feligreses, independientemente de ser jesuita y tener una mística de humanismo, con ellos jamás hablaba en español, dominaba el tzeltal y respetaba las costumbres de sus fieles. Y dirán con razón: "¡Eso no es cierto!", pensando que les quería imponer la religión cristiana. Eso mismo le recriminó Fidel cuando lo conoció, pero Mardonio tenía un secreto, y Fidel fue uno de los pocos que lo sabía. Si el Santo Padre se hubiera enterado, lo habría reprimido. Mardonio daba sus letanías en las iglesias del bosque y la selva de Chiapas con un cristianismo al que se podría considerar adaptado al lugar o muy respetuoso. Solo invocaba de Cristo el amor al prójimo, pero la religión que predicaba era la maya, y como hablaba tzeltal, nadie lo notaba. Estaba enamorado del inframundo maya y veía en su cultura una religión más amable y amorosa donde la vida era igual de hermosa que la muerte. Tal vez por eso decidió morir trabajando. Fidel quería seguir su ejemplo, solo que Mardonio tomó esa decisión como sacerdote en celibato, es decir, solo, y Fidel estaba por formar una familia.

Romina llegó al comedor tal como se despertó, sin darse una manita de gato, estirándose como un minino. Se veía hermosa, más que eso, una diosa para el veterano Fidel que no dejaba de mirarla y suspirar por dentro, era un enamoramiento de adolescente a pesar de su edad.

—¿Ya sacaste la cita con la doctora Alina? —le preguntó—. ¿Ya recogiste los resultados del laboratorio?

Fidel carraspeó y contestó serio:

—Ayer fue mi cita, todo bien.

Romina se molestó.

—¿Y por qué no me avisaste? Habíamos quedado en ir juntos.

—Perdóname, mi amor, no quería preocuparte.

La convivencia se volvió tensa. Romina no hablaba, tenía una mueca de enojo en su cara que Fidel adoraba.

Se sirvió café sin mencionar nada, se sentó y así transcurrió el tiempo en un silencio lúgubre.

Después de treinta minutos, Romina sonrió, se paró detrás de Fidel, lo abrazó por la espalda y le dio un beso en el cuello. Tenía esa virtud, sus enojos no duraban más de ese tiempo. La muerte de su padre, don David, le había enseñado que había perdido un tiempo muy valioso cuando peleaba o discutía con él en vez de sonreír y convivir en armonía.

Él la cuidaba como todos los padres del mundo, y más en un mundo machista en el que, por desgracia, ellas están en peligro constante. Era muy caprichosa y grosera, acababa gritando cual princesa: "¡Odio mi vida, odio mi vida, te odio! ¿Por qué solo me cuidas a mí? ¡Si supieras las cosas que hace tu hijo!", y acababa cual bruja chismosa, y eso a Patricio le molestaba. Estos eventos de su adolescencia y adultez temprana le crearon diferencias con su hermano gemelo, razón por la cual, al morir su padre, Patricio quedó muy molesto. Cuando cumplió veinte años, en una explosión de rencor guardado, le dijo a Romina, sin que su madre lo supiera, serio y con un sentimiento guardado por más de cuatro años: "Nuestro padre ya descansa, ha muerto, pero nunca te perdonaré que lo hayas hecho sufrir de esa manera. ¡Ni siquiera saber que moriría, que estaba invadido de cáncer, te hizo cambiar! Para mí también estás muerta. Desde ahora no quiero saber nada de ti ni de mi madre". Y se fue de la casa. Nadie sabía de él desde entonces. Con el tiempo, a veces escuchaban noticias, por lo menos estaba vivo.

Así llevaban más de diez años de no hablarse, de no verse. Cuando Romina estaba triste, decía en tono cariñoso: "Extraño a mi Patito precioso" y "mi Patito *pechocho*". Para ella, él era el ser amado, el más importante, y padecía un dolor crónico y silencioso en su corazón como un constante reflujo que la hacía sentir ansiedad en el pecho y que solo aminoraba al atender a sus pacientitos. Mientras sentía la preocupación por sus enfermos, se olvidaba de su dolor, por eso se encerraba en el hospital, igual que Fidel después de su divorcio con Victoria y la lejanía de sus hijos.

Los gemelos tenían muchas anécdotas alegres de cuando eran niños, las cuales Romina, con dos copitas de vino, contaba con mucha simpatía, imitando a su hermano. A Fidel le encantaba oírla. La vida le había enseñado en forma cruel que las acciones tienen repercusiones, y por eso ahora había aprendido a controlar sus enojos y caprichos.

—Bueno, mi amor, déjame ver tus estudios —le pidió Romina.

Se dio cuenta de que ya estaban subrayados con amarillo, pasó las hojas muy rápido hasta ver el antígeno prostático. Al corroborar que los valores eran normales, se tranquilizó. A pesar de los catorce años transcurridos desde la muerte de su padre, aún se sentía culpable.

Fidel lo sabía y, por eso mismo, no quería que siguiera con él como una penitencia para expiar el daño a través de él; era difícil no verlo así. Tenía que aclararle lo que pasaba. Todavía no le había mencionado el evento del ojo en el quirófano ni la consulta con la oftalmóloga, pero lo más importante era platicarle sus miedos.

Se sentó frente a ella. La mesa no era muy ancha como para no alcanzar sus manos, las que tomó como las riendas de un caballo y las movía nervioso cual jinete.

—¿Qué te pasa, Fidel?, ¿por qué me sacudes así?

—Quiero platicarte algo…

Una vez que le compartió lo del ojo, ahora sí se molestó más. Regresó la hija adolescente que le gritaba a su padre.

Sin pensarlo, sin darse cuenta, le habló con tranquilidad y cariño para explicarle que no quería preocuparla, como un padre a su hija. Eso la encendió aún más, pero logró controlarse y decir con enfado lo que pensaba:

—¿No entiendes, Fidel? Tú no eres mi padre.

Fidel llevaba mucho tiempo mascando su discurso y no se dobló. Alzó un poco más la voz, algo que jamás había hecho con ella. Ahora sí le dijo con detalle sus miedos, y que lo mejor para ella era que terminaran la relación.

Romina estaba asustada, pero tenía el entrenamiento para reanimar prematuros, y sabiendo que hay un protocolo para eso, también ahora actuó con disciplina y autoridad. Tenía una vida de dolor al haber perdido a su padre y a su hermano, y para ella Fidel lo era todo, solo que jamás se lo había dicho. A veces los hombres son medio pendejos, ¿no veía él que ella vivía con él sin estar casados?, ¿no se daba cuenta de que prefería estar todo el tiempo a su lado, de que se negaba a salir con sus amigas?, ¿eso no lo veía? Tal vez necesitaba oírlo, aunque a veces valen más las acciones, porque a las palabras se las lleva el viento. Las mujeres, al contrario, ven las acciones antes que las palabras, no valen, son aire si no las respaldan los actos.

Si Fidel levantó el volumen de la voz, Romina lo hizo aún más, era la primera vez que se veía tan molesta. Respiró profundamente, lo miró con fijeza y lo rodeó con un abrazo cósmico, algo que habían inventado hacía tiempo: se abrazaban apretados, en silencio y tratando de transmitir amor con el aura que los rodeaba; a los dos les gustaba hacerlo, era su costumbre.

Se separó de él y con ternura le tomó con ambas manos las mejillas, lo miró fijamente y sentenció:

—¡Te amo!, eres el hombre de mi vida, te esperé mucho tiempo. Acuérdate de que, cuando me compartiste tu historia con la doctora venezolana —a la que, por cierto, le estoy muy agradecida al cumplir su promesa como monja oriental—, me dio por leer sobre la cultura china, y aunque te parezca raro, fue allí donde encontré la respuesta a mis dudas sobre arriesgarme contigo.

”Verás, los chinos tienen un calendario, algo así como un horóscopo, y ellos se fijan en la compatibilidad según el año en que naciste, e incluso tienen subdivisiones. Por el año en que naciste, 1960, tú, por ejemplo, eres rata, y por el mes y el día, metal; eres mi rata metal. Yo nací en 1988, soy dragón, especie fuego, como decir *Homo sapiens, Giardia lamblia, Ascaris lumbricoides,* y ahora Rata metal y Dragón fuego —más que por su influencia médica, parloteaba por su nerviosismo—. Si quieres, busca en internet para que me creas y entiendas".

Fidel no podía creer en estas leyendas, pero después de lo que vivió con Adriana, ya no estaba para dudar y corroboró que era una compatibilidad de cinco estrellas, solo el Dragón y el Mono tenían esta alta calificación. Como era curioso, revisó la compatibilidad con su exesposa, y su asombro fue mayor, pues tenían la compatibilidad más baja. Bromeando dijo: "¿Quién será Mono?", y ella fingió estar celosa para secundar la chanza.

La jornada transcurrió tranquila, era su día libre. Por la noche durmieron muy abrazados, ella dándole la espalda y él pegando su pecho a su espalda y su pubis a sus hermosas nalgas, sus manos tomaban sus pequeños y hermosos senos. Ella le sentenció antes de quedarse dormidos:

—Preocúpate cuando no se te ponga dura y se pare como ahora. Ahí sí, ¿qué harás, Fidel?

—No te preocupes, mi reina, para eso ya hay medicamentos. Espero no tener que recurrir a ellos, pero creo que contigo nunca los necesitaré. Tus ferohormonas son muy eficaces.

Se dieron un beso apasionado, y otro, y luego vino lo demás…

Como cualquiera que esté casado o tenga una relación amorosa intensa, sabrá que esta discusión y las dudas de Fidel y Romina no quedaron aquí. Las pláticas y amenazas de finalizar la relación persistieron, a veces las empezaba Fidel, y con el tiempo Romina ya estaba contagiada.

Un día la charla se puso más intensa porque los dos sacaron sus inseguridades, los dos habían perdido a sus padres en edades complicadas: Fidel, de niño, a los ocho años, y Romina a los dieciséis, de adolescente, cuando más les afecta su falta a los hijos. Ellos, al iniciar su relación, cuando todo era hermoso y Fidel se sentía como la famosa canción venezolana *Caballo viejo*, todo era "sí, claro que sí, por supuesto que sí". Soñaban con formar una familia, discutían amorosos cuántos —dos, tres o cuatro—; todo era felicidad. Ahora, con la sacudida, Fidel preguntaba:

—¿Aún quieres tener hijos conmigo? Si te embarazas, los dos, como médicos de niños, sabemos la importancia de ambos padres. Tú te dedicarás a un embarazo tranquilo y después a una lactancia prolongada; yo seré el proveedor, y después, tal como lo dijimos, cambiaremos los papeles: yo, el cuidador, y tú, la proveedora. Siempre me dijiste que contigo no sería un padre ausente, que me permitirías disfrutar el crecimiento de mis hijos, que me darías ese regalo y, la verdad, estaba ilusionado, pero estos eventos me hacen ver la posibilidad de faltarles y, entonces, ¿qué harás? ¿No crees que es mejor iniciar una familia con alguien joven como tú?

Ella se enojaba, aunque en realidad también dudaba. Las palabras de Fidel no eran erradas, algo tenían de razón.

3.
Marihuana, Éxtasis (MDMA) y LSD

El viaje a Viena

El tiempo corría y la tierra circundaba al sol una vez más. La bóveda celeste de la cosmología maya, sostenida por los cuatro Bacabs, hacía entender lo contrario, como si fuera resultado del recorrido diurno del sol y la tierra no se moviera. Para efectos del tiempo es lo mismo: "el tiempo pasaba".

Fidel y Romina poco a poco se fueron distanciando. Todo empezó esa mañana antes de tomar el café chiapaneco, ese de las montañas de Chilón con el que Fidel manifestó sus inquietudes y le contagió su pensar y razonamiento.

Al parecer, las charas yucatecas lo sabían, en aquella ocasión hacían más escándalo que otras veces, cuando cantando en grupo llamaban a Fidel para su tan acostumbrado desayuno, sus migajas de pan. Su necio ruido era como si estuvieran molestas por la tardanza, y eso hizo que su Romina se despabilara con enfado por tener que despertarlo: "¡Fidel, te hablan tus mentados pajarracos!".

En realidad, el gran alboroto de las charas era para advertirle al doctor que no dijera nada, que aprendiera a callar sus pensamientos, así como sus angustias, pero ya era tarde para cambiar su forma de ser y actuar. Su amiga, confidente y anestesióloga con la que trabajaba, la doctora Guadalupe Barraza, siempre se lo hacía notar: "¡Ay, doctor Fidel!, usted es demasiado claro, muy transparente, todo lo dice, nada se guarda, eso le traerá muchos problemas y enemigos. A mí, la verdad eso me gusta de usted, siempre sé que lo que dice es lo que piensa".

Entre Fidel y Romina la llama de la duda estaba sembrada, el fuego encendido, símbolo maya de fertilización, pero también de destrucción. Él nuevamente empezó a soñar que volaba, tenía la técnica bien estudiada, casi "patentada": brincaba y, una vez en el aire, daba dos patadities rápidas, como aletazos de delfín, y con eso se empezaba a elevar; desde lo alto, ya a la altura de las nubes, veía la tierra con tranquilidad, como alejándose de sus problemas, como un ave que vuela libre, tal como sus amigas las charas yucatecas.

Sus sueños empezaban a manifestarse por estar encerrado en una relación disfuncional, con mucha carga de ansiedad y —por qué no decirlo— también de culpa. No se sentía cómodo con ser un freno para la joven, talentosa y hermosa doctora que podría empezar una vida con alguien igual que ella y así formar una familia. Los mismos sueños de volar los tuvo mucho tiempo antes de su primer divorcio.

Romina lo escuchaba hablar dormido, algo de lo que nunca se había percatado. Sus relaciones sexuales no eran como antes: llenas de iniciativa y espontaneidad; lo que más extrañaban los dos eran sus largas pláticas después de la eyaculación de uno y los orgasmos de la otra; en el éxtasis del amor mutuo ella se recostaba en su pecho, empiernados y endulzados como muéganos por la cascada azucarada de semen y flujo vaginal. Ella lo sabía y, aunque no lo crean, estaba profundamente enamorada, pero por su inteligencia y experiencia también le angustiaba su futuro. Así son las mujeres de hoy en día, románticas igual que antes, pero independientes y trabajadoras, amando sin tener la necesidad de un proveedor; eso las hace libres de amar y Fidel lo sabía. Si ella estaba con él, era por amor.

Ahora los papeles cambiaron. Romina era la madura y Fidel el niño con miedo; tal vez la muerte de sus respectivos padres los regresó a esa edad. Romina de dieciséis, adolescente con ilusiones, y Fidel de ocho, el niño solitario. Influida por la ansiedad de ambos, la incertidumbre crecía y dificultaba tomar una buena decisión de la que nunca se arrepintiesen.

Romina, de regreso a casa, al pararse a cargar gasolina vio en la esquina, al cruzar la calle, una vinatería, la misma en la que su madre compraba sus bebidas; el alcohol la tranquilizaba, le permitía desahogar su dolor. La muerte de su esposo, don David, el padre de Romina, fue un evento que cambió bruscamente a su familia. Mary, o doña Mary, como se hacía llamar, quedó muy triste; jamás tomó con responsabilidad haber quedado como cabeza de familia de dos adolescentes, muy diferente a lo que hizo la madre de Fidel. Tal vez si doña Mary se hubiera comportado con sensatez, la relación entre sus hijos se hubiera conservado.

Al cumplir veinte años los gemelos, Patricio decidió abandonar la casa y anunció a Romina que desaparecería de sus vidas. Romina aún se lo recriminaba a su madre y le decía: "Tú eras la adulta, pudiste haber salvado nuestra familia". Doña Mary nunca le dio importancia, ella se hundió en su dolor.

Romina bajó de su auto y entró a la tienda, quería desahogarse como su madre, ahora empezaba a entenderla. Así es la vida, como doña Mary le decía cuando Romina la confrontaba: "La vida da muchas vueltas, hijita, ya me entenderás cuando seas madre".

Una vez en la vinatería, vio el tequila Chamucos con el que su madre se relajaba, y sintió un viento frío. "¡No permitiré que esto me pase! —se dijo con compromiso—, ¡lucharé por mi amor!". Compró dos botellas del vino francés que a Fidel le gustaba, de la zona de Burdeos, muy elegante, Les Perrières, sin fijarse en el año, porque de eso no sabía nada, pero por el precio dedujo que era muy bueno.

Llegó a casa, metió las botellas al refrigerador, pues con el calor de Mérida se antojaba fresco, y arregló la mesa del comedor. Activó los ventiladores y salió a la terraza del jardín. Cortó unas flores, las puso a descansar en un florero en el centro de la mesa, y tal como la doctora Adriana, encendió unas pajillas de incienso. Eso fue coincidencia, ella nunca supo esta parte de la historia; fue un acto espontáneo, en eso se parecían.

Fidel ya había llegado desde hacía más de tres horas. Estaba en su cuarto encerrado trabajando en su escritorio, estudiando un caso clínico sin diagnóstico que se presentaría en la sesión de morbimortalidad que él coordinaría. Esas sesiones permitían a los médicos la oportunidad de aprender de un enfermo que no logró sobrevivir y ver los errores de diagnóstico y tratamiento con una prueba irrefutable: la verdad esclarecida por la autopsia, la última palabra. Es un ejercicio en que los familiares dolidos le prestan a la humanidad el cuerpo de su ser querido para ayudar a otros a sobrevivir, a pesar de saber que será mutilado para enseñanza de los médicos que lo atendieron en vida y para todo el hospital. De ahí la gran responsabilidad de Fidel. Se debía sacar el mayor provecho de la sesión. En Yucatán, tierra de los mayas, este hecho era aún más simbólico, pues se estaba tomando prestado un cuerpo que ya pertenecía al inframundo, a los dioses mayas de la muerte, a Hun Ahau, el dios de Xibalbá, un esqueleto con pedazos de carne y rostro de jaguar.

Romina le mandó un mensaje por su teléfono móvil: "Ven, mi amor, te espero en el comedor. Tenemos que hablar".

Romina realmente estaba transformada. En ese momento era la adolescente rebelde de dieciséis años, la que reía todo el tiempo, obviamente fuera de casa. Las mamás de sus amigas siempre le decían: "No entiendo por qué tus papás y maestros se quejan de ti, ¡si eres un amor!", y ella se hacía querer por muchas familias, como buscando lo que, según ella, no tenía con sus padres. Todos los médicos sabemos que este es un comportamiento normal de todo adolescente, en conflicto con la autoridad y ambivalente.

Fidel cerró su computadora cuarenta y cinco minutos después del llamado de Romina. Aunque tenía aún dos semanas para preparar el caso, estaba concentrado en corregir el reporte del médico residente que lo presentaría; tenía muchos errores. Fidel se los hacía notar con marcador rojo, recordando que, cuando joven médico interno, lo mismo le sucedió a él. La doctora Virginia Bracamontes, la famosa jefa de Urgencias, mejor conocida como *la Amargadita*, le hizo repetir una nota de ingreso de un paciente trece veces; ahora le tocaba hacer el papel de médico supervisor de su instrucción. Con el tiempo, acabaría por agradecer los métodos de la doctora, porque ahora era capaz de corregir con rigor y sin sentimiento de culpa por ser estricto. "Todos aprendimos así", aunque ahora los jóvenes no son tan dóciles y obedientes como en tiempos pasados, esa misma frase que nuestros viejos maestros nos decían: "En mis tiempos", nosotros fuimos para ellos como los *millennials* de ahora. Después de todo, el cuerpo inerte del paciente por estudiar lo merecía, tendría una excelente presentación.

Al llegar Fidel, Romina ya había abierto la botella y servido las copas, era la primera vez que lo hacía, siempre fueron sus parejas masculinas las que servían. Para ser la primera vez, no estuvo tan mal. El corcho no se rompió, pero sí lo perforó con la espiral de metal para sacarlo y unas partículas de polvo cayeron en el líquido violeta. No se veían, pero, al probarlo, se sentían. Rápidamente tomó otras copas y, con papel filtro de por medio, vertió el vino. Para cuando Fidel tomó el primer sorbo, ni un rastro del error la podría delatar; en eso él era muy sensible, ella lo había visto en varias ocasiones regresar la botella a los meseros.

Fidel se sentó y bebió. Le hacía falta, hacía más de un mes que el alcohol no visitaba su cuerpo. Así, mientras Romina empezaba a platicar, él la oía sin escucharla, solo la veía en cámara lenta. Ella lo notó, pero no le reclamó, estaba en plan de adolescente feliz sin tomarse nada personal.

Sacó una libreta del mueble cercano a la mesa, una hermosa antigüedad del siglo XIX que la madre de Romina les obsequió. Con agilidad, le quitó a Fidel la pluma de la bolsa de la camisa sin pedirle permiso. Empezó a escribir con letras mayúsculas todo el abecedario, repitiendo en voz alta: A, B, C… Una vez que terminó, arrancó las tres hojas que requirió por el gran tamaño que decidió utilizar. Luego las cortó en cuadros, las dobló y las puso en la mesa. Esta acción, así como a ustedes, también a Fidel le llamó la atención, que no tardó en preguntar:

—¿Qué haces, Romina?, ¿estás loca?

—Sí —contestó sonriendo.

Fidel vio que miraba a su alrededor como buscando algo, y de repente salió al jardín, tomó la vieja y honda cazuela donde Fidel ponía las migas de pan para sus amigas las charas. La enjuagó con la manguera, la sacudió y, nuevamente, entró. Tomó todos los papeles doblados y los colocó en el cacharro. Este era un juego que, de adolescente, muchas veces compartió con sus amigas, una manera de dejar todo a la suerte. Antes de que llegara Fidel, ella ya se había tomado una copa llena, en completo ayuno, pues desde el café y la fruta matutina no había probado nada. En la tarde, su estómago estaba colapsado, ni el aire lo inflaba, esto explica en parte su incertidumbre y espontaneidad. Continuó con su plan, como una niña, es decir, sin plan, lo que saliera, pero quiso hablar antes de arrancar.

—Mira, Fidel —le dijo muy segura y relajada—…

Pero el Fidel adulto regresó y preguntó:

—¿Me puedes decir qué te pasa?

—Te lo diré —y cambió su juego con parsimonia—: Sé perfectamente la diferencia de edad que hay entre nosotros. También sé que, a pesar de ello, yo tengo más experiencia que tú en el amor. Tú solo has tenido tres relaciones importantes en tu vida. Yo ya he conocido a muchos hombres, me he enamorado y decepcionado, créeme que eso me hace estar segura de que quiero envejecer contigo.

Fidel sonrió y dijo con sorna:

—Ya estoy viejo para ti, para cuando tú envejezcas, yo ya no estaré.

Romina prosiguió sin dar importancia al comentario, era una adolescente que quería lograr su cometido y siguió con su discurso:

—Esas tres vivencias son las que te formaron y lo que ahora me ofreces, y eso es lo que siempre busqué. Yo perdí la cuenta, te puedo decir de diez relaciones en las que aposté "segura" a que era el hombre de mi vida, y además están las otras, las que solo fueron una aventura, un capricho, un gusto de vivir. Y eso me permite comparar con lo que ahora tengo. No lo voy a perder. ¿Qué puede pasar? Seamos honestos, tú te la pasas bien conmigo, ¿para qué te haces el mártir? Hazlo, pues, no te exijo nada, solo que seas feliz y me hagas feliz a mí, que no sean los hijos la razón de estar juntos. Los dos somos médicos de niños, son demasiados hijos prestados los que tenemos. Démonos un tiempo, y si realmente queremos envejecer juntos, tú muy viejito y yo una mujer madura enamorada de un viejito, ¿qué puede pasar? ¿Que te deje? ¿Que me dejes viuda? Vivámoslo. Lo bailado nadie nos lo quitará.

Hizo una pausa, tomó un trago y, bajando un poco el volumen, prosiguió:

—Tú ya tuviste dos hijos. Tu paternidad no es tu prioridad. Sé perfectamente que lo haces por mí para no perderme. ¡No me perderás! De eso quiero que estés seguro. No te mentiré: me muero de ganas de tener un hijo contigo, pero por tenerlo no te perderé. Mi experiencia con mi familia y lo que tú viviste me corroboran que los hijos tarde que temprano se irán y harán su vida. ¿Y nosotros?

Fidel estaba sorprendido, nunca había oído hablar así a Romina.

—Te pido seguir mi juego, a ver hasta dónde llegamos —remató.

Y Fidel aceptó. Dieron un trago a las copas, se besaron levemente y al unísono dijeron ¡salud! Los pedazos de papel doblado con las letras del abecedario esperaban impacientes en la cazuela, ellas tampoco conocían el plan de Romina y, si les soy sincero, tampoco ella.

Había bosquejado lo mismo que de adolescente, como el programa de los alcohólicos en recuperación, "un día a la vez". Una idea loca que la llevara a otra idea loca y así, confiando solo en una razón muy sencilla: la locura de ser feliz.

Cuando empezaron a hacer su vida juntos, tenían planes de casarse, ella de blanco y el de traje de charro, como su padre, don Arnulfo, un "charro de Jalisco" al que el destino hizo emigrar al enamorarse de una yucateca maya, la madre de Fidel, la señora Clarita, amor que germinó en esta hermosa península. Aun así, la sangre siempre está presente, aunque sea en sus canciones, poemas, costumbres o en un traje. Romina y Fidel ahorraban para su tan planeada boda, querían tirar la casa por la ventana, que todos sus conocidos en Mérida lo supieran; ansiaban gritarlo y compartir su amor.

Romina se rio al recordar el dinero que tenían guardado para ese fin, con esa risa que alegraba a todos, esa sí que era hermosa, tenía una tonalidad única y muy entonada, era una risa musical. Y dijo:

—Con el dinero que hemos ahorrado para la boda, vamos a darnos un viaje en un tiempo que sea para los dos. Desconectémonos de los pacientes y del hospital. Ya ves lo que pasó con tu amigo Juan José: trabajó y trabajó, ahorró y ahorró esperando su retiro para viajar ya jubilado y murió. Todo su dinero ¿de qué sirvió? Sin hijos y solo, ¿dónde quedó?

Fidel apretó los dientes y, levantando las cejas, la miró. Así entendió Romina que su amado aceptaba. Conocía sus respuestas aun sin que hablara.

Y le propuso jugar el viejo juego de adolescentes. Le explicó:

—Cada vez que terminemos un evento, decidiremos el que sigue. Primero necesitamos un número que nos dará una idea de cómo empezar.

Fidel propuso el número de monedas que hubiera en su bolsa que colgaba del respaldo de una silla. Romina la vació en la mesa y contaron cinco monedas.

—Bien, ahora saca cinco papeles, el quinto será la letra elegida... O, R, P, F y V. ¡La V ganó! Ahora vamos a escribir cada uno cinco ciudades que empiecen con V.

Romina escribió Venecia, Viena, Vietnam, Valencia y Verona. Y Fidel, Viena, Valladolid, Varsovia, Vancouver y Vaticano. Los doblaron al igual que los papeles de las letras y los metieron de nuevo en la cazuela. Romina estaba feliz con el juego, y con una sonrisa limpia pidió a Fidel otro número. Sumaron sus años de edad, Fidel 63 y Romina 35; repitieron la operación hasta reducirlos a un dígito: 9 + 8 = 17, 1 + 7 = 8. Ahora ganará la ciudad que salga en el número 8. La primera que salió fue Viena, y en el número 8 nuevamente Viena. Rieron al ver que los dos escribieron Viena como posibilidad.

Ahora seguiremos con el juego. Prendió su computadora portátil, sacó su tarjeta de crédito y empezó a buscar vuelos de Mérida a Viena. Fidel estaba sorprendido con el juego de la adolescente resucitada, pero decidió terminarlo antes de que Romina los pagara. Le dio un beso para acabar sin ser grosero y apagó la computadora con discreción. Terminaron como antes, enredados como un muégano hasta el amanecer.

Fidel se levantó más temprano para seguir con su compromiso del caso clínico de la sesión de morbimortalidad. Romina esperó paciente a que esta reunión tuviera lugar, conocedora de la importancia que representaba, y una vez que Fidel cumplió —lo que implicó hacer repetir al residente médico quince veces su presentación—, Romina lo solicitó de nuevo en su oficina de Neonatología.

—Pedí mis vacaciones para empezarlas en una semana, las pedí juntas, y con todas las guardias extras que me deben y los días devolutivos suman un mes y medio. Tú, como jefe, tómalas igual, a ti también te deben muchos días.

—Está bien —respondió. El tiempo en que preparó la sesión le hizo recapacitar y valorar a su amada Romina.

Llegaron a casa, sacó su computadora y ahora sí revisaron las opciones. Había un vuelo a muy buen precio que hacía escala en París: Mérida, Ciudad de México, París y Viena. Romina lo descartó inmediatamente sin dar explicación. Fidel se dio cuenta de su negativa a la escala en París; ella se fijaba en los que hacían escala en Estados Unidos o Canadá. Fidel le hizo ver que para eso se requería visa, la cual no tenían, así que terminaron comprando el primero.

Romina quedó impactada y guardó silencio. Un secreto tenía que involucraba París y que Fidel desconocía. Como cualquier hombre inseguro, imaginó algún amorío de juventud, pero ya para entonces Fidel estaba curado. Haber hecho la rifa en la cazuela de las charas yucatecas le daba seguridad, algo misterioso que ni él imaginó.

Fidel, como adulto precavido y con responsabilidades, le preguntó lo que planeaba, y le indicó que había que hacer reservaciones de hotel, dar fechas de ida y vuelta, y las actividades que tendrían durante tanto tiempo en Viena. Le sugirió que aprovecharan el viaje y, en vez de hacer escala en París, visitaran París. Fidel no lo conocía, jamás había cruzado el Atlántico. Su padre había muerto sin hacerlo y por eso no lo había realizado, su mimetismo con él era la regla, pero de eso ya estaba sanado, ya no deseaba ser la copia del doctor Arnulfo.

Fidel notó una expresión de ansiedad, miedo y nostalgia en Romina, no lo podría asegurar, pero de que la palabra París le movía algo, de eso no había duda. Ahora la incertidumbre lo invadió. Supo que hay secretos del pasado que no se deben preguntar. "Si ella me lo quiere platicar, que lo haga sin presión", pensó.

—Mira, Fidel, hagamos un viaje sin planear, un día a la vez, como dos adolescentes irresponsables —y con tono de broma agregó—: pero con dinero, lo que lo hará más emocionante. Compraremos boletos sin documentar maletas, los más baratos, solo un equipaje de mano, un viaje sin nada que nos frene.

—Estoy de acuerdo.

Fidel solo le pidió que la visita a Viena, dictada por la suerte, no debería faltar, para él era muy importante. Siempre quiso conocer el penacho de Moctezuma; sus amigas las charas se lo recordaron en un sueño, y también la casa museo de Sigmund Freud, por razones que Romina adivinó, pues muchas pláticas de sueños y de actitudes influidas por el inconsciente eran su tema favorito.

Así fue como su hermosa aventura empezó. Llegaron a París muy temprano, el día amanecía y su plan de no planear nada les resultó. Consiguieron un cuarto de hotel elegante y barato muy cerca de la catedral de Nôtre Dame; el incendio reciente que la dañó y la mantenía cerrada sin turistas ayudó. Se instalaron en su habitación. Romina no hablaba, estaba ensimismada en sus pensamientos, sentada en la cama mientras esperaba que Fidel decidiera qué hacer. Él había prometido no preguntar, pero una razón tenía para no cumplir. En su traslado desde el aeropuerto Charles de Gaulle y en el viaje en taxi al hotel, el silencio los acompañó. A veces un taxista platicador logra romperlo, pero al no hablar el idioma, prevaleció el silencio. Fidel corroboró que su sospecha era real, que algo importante la atormentaba y, con amabilidad, como un padre comprensivo, la cuestionó:

—Mi amor, desde que la palabra París apareció en nuestro plan, noté algo en ti y decidí no preguntar, pero percibo que te está angustiando mucho y así no disfrutarás el viaje ni se cumplirá el espacio con el que queremos que nuestro amor se cure. ¿Quieres platicarme?

Romina empezó a hablar. Sus lágrimas liberadas acompañaron sus palabras, se estaban acumulando hasta ya no caber, su secreto ya no podía ocultarlo:

—Hace tiempo me enteré de que aquí vive y trabaja mi hermano Patricio. Ya pasaron diez años de ignorar todo de él, pero saberme cerca hace que desee buscarlo, encontrarlo y abrazarlo.

Fidel la cuestionó:

—¿Y por qué no lo haces?

—Me da miedo su rechazo, no lo soportaría. No lo conoces. Una vez que te saca de su vida, se acabó.

Quedaron callados unos instantes y Fidel respondió:

—Han pasado muchos años, el tiempo nos hace madurar y estoy seguro de que Patricio ya no es el mismo. Estoy cierto de que la soledad es una buena maestra.

Y amándola como la amaba, quiso ayudarla.

—¿Quieres que lo busque y le pida un encuentro contigo?

—¿Harías eso por mí?

Ella lo abrazó. Esta proposición aliviaba su angustia y, sobre todo, le hacía perder el miedo a ser rechazada. Fidel inició su trabajo con una pregunta obvia que cualquier investigador haría:

—¿Sabes dónde vive?

—No tengo idea —Romina movió la cabeza con la derrota en la mirada.

—Tienes algún contacto de un amigo de Patricio —insistió.

—Sí, pero le es muy leal y no me dirá. Se lo pregunté antes de venir.

—Ya pensaremos cómo contactarlo. Ahora empecemos a pasear, ¿tienes hambre?

—Sí, mi amor. Ahora que ya te platiqué mi secreto me siento más tranquila.

Después de desayunar caminaron por París siguiendo el río de gente que turisteaba y se mimetizaba con el Sena, como si fuera un chorro de agua que cambia de riachuelo por azar. De repente vieron una gran construcción, hermosa, majestuosa y muy concurrida. Preguntaron qué era esa edificación, ese hermoso mausoleo, y la respuesta fue el Panteón. Compraron los boletos, y la sensación que recibieron al ingresar fue parecida a la que Fidel imaginó que sentiría el día que visitara el inframundo maya, muchas criptas o tumbas, todas de grandes personajes con historias que recordaban de sus clases en la escuela preparatoria: Voltaire, Victor Hugo, los restos de muchos personajes ilustres de la historia de Francia.

Bajaron al sótano, la parte más lúgubre y silenciosa. Ahí muy pocos llegaban, y ahora sí, el *déjà vu* fue completo. Recorrieron sus pasillos como un laberinto y el riachuelo de los escasos visitantes los llevó a su destino como médicos: a la tumba de Maria Salomea Sklodowska, *Marie Curi*e. La sorpresa fue inmensa, ninguno de los dos pensó en eso a pesar de conocer su historia de memoria. Lo de la tumba y el Panteón de París no lo tenían registrado. Permanecieron ahí por mucho tiempo, los pensamientos de ambos eran de admiración y respeto, de leyendas y verdades. Una vida ejemplar, la única que, sin importar su género, había obtenido dos premios Nobel, el de Física y el de Química. Ella fue la más importante inspiración de Romina en su adolescencia y deseó ser científica, como su modelo. Ya en la preparatoria, su maestra de física la convenció de ser médico. Todo buen doctor que para hacer un diagnóstico correcto se auxilia de una simple radiografía portatil, debería elevar un recuerdo a esta gran mujer.

Así, sin que este hallazgo tuviera relación con la preocupación por su hermano, Romina tomó a madame Curie como si fuera la virgen de esa iglesia, tal vez porque el Panteón está erigido en la montaña de Santa Genoveva, y sintiendo estar cerca de algo divino, le "rezó" suplicando ayuda para recuperar a su gemelo. Le pareció que ella, la científica, la entendería mejor. Además, le tenía admiración como mujer y como feminista, como la tenía por Mata Hari, que logró ser libre en un mundo de hombres. Madame Curie también resistió el machismo de las mujeres y, a pesar del gran beneficio que dio a la humanidad, la sociedad fue muy ingrata debido al pensamiento retrógrado del París de aquella época... "¡Es una buscahombres, mujer sucia!", le gritaron las señoras de la aristocracia adinerada carentes de empatía y solidaridad femenina.

Ese día terminó con una cena muy especial. Era el mes de noviembre, el frío ayudaba a aclarar las ideas. Fidel ya tenía un plan para encontrar a Patricio, su cuñado.

Como buen médico, tenía muchos pacientes agradecidos. A veces recibía costosos regalos, canastas navideñas con botellas de licores exquisitos y conservas de alimentos dignos de reyes. Tuvo una querida amiga bielorrusa que le enseñó a disfrutar el vodka con caviar que recibió en una de esas canastas. En otras ocasiones, le dieron bordados hermosos realizados para él, guisados y hasta un guajolote vivo. Todos los obsequios de pacientes humildes los hacían con un cariño muy especial que disfrutaba de igual manera: el sentimiento de gratitud no dependía del poder adquisitivo de los padres de sus enfermos, era el mismo; era la satisfacción del deber cumplido reforzada por los padres, como, cuando niño, te ponían en la frente una estrella de papel dorado. También recibía como gratificación promesas que nunca usó: "Doctor, cuando se le ofrezca algo, con gusto lo puedo ayudar", y se comprometían de palabra a facilitar algún trámite burocrático que requiriera. Recordó que el licenciado Brambila, un funcionario influyente, se lo repetía en cada consulta: trabajaba en Relaciones Exteriores, tenía un cargo importante. Pensó en buscarlo. Tenía su teléfono particular y le explicó su problema. Al día siguiente recibió directamente de la Embajada de México en París los datos, "con santo y seña", de su cuñado. Al enterarse Romina, estaba emocionada y muy esperanzada.

Muy temprano se acercaron al lugar de trabajo de Patricio, donde también vivía, una galería muy rústica en una colonia popular de París. Patricio era pintor de caballete al óleo sin fama y vendía sus cuadros a otro artista reconocido que los firmaba, y así subsistía muy bien maquilando para otro. También les diré que tenía otro trabajo, uno secreto que ni ustedes ni yo sabemos, y menos aún Fidel y Romina.

Se instalaron en un pequeño y hermoso café, a unas cuatro cuadras de la dirección de su hermano. Romina estaba muy nerviosa y con mucha ilusión. Se sentaron, pidieron un café y un pan de chocolate, así Fidel estaría más alerta con doble carga de xantinas: cafeína y teobromina. Se despidieron con el abrazo cósmico de costumbre y un beso de complicidad, y admiración y respeto a su amado compañero, deseándole suerte.

Fidel caminó pensativo las cuatro cuadras, no tenía miedo, se sentía con la suerte de su lado. Revisó bien la dirección una y otra vez y tocó el timbre. Una señora cuarentona, obesa y malencarada le abrió. Era la portera. Fidel habló:

—Busco al señor Patricio —le dijo en español.

Aunque ella no lo hablaba, bien que lo entendió y le gritó a su inquilino avisándole que tenía una visita. Fidel pasó. Patricio, desde la escalera, lo invitó a subir a su departamento.

—¿Qué se ofrece? Es raro que un mexicano me busque. Pase, por favor —y cerró la puerta.

Una vez que Fidel le explicó con mucho tacto el motivo de su visita y la petición de su hermana, vio con agrado que Patricio no se molestó. Eso lo tranquilizó. Su cuñado era más alto que él, más joven y mucho más fuerte, lo que le recordó a su Romina, pues al ser gemelos, era la versión masculina de su amada.

Fidel no sintió temor por su reacción, llevaba la energía cósmica del abrazo, y la mirada de Patricio, al saber quién lo buscaba y el motivo, fue de sorpresa y de alguien que escucha una noticia agradable.

Patricio lo invitó a sentarse. Sacó una cajita de hojas de papel de arroz, tomó un papelillo como quien saca un billete de una cartera, lo sujetó con la mano izquierda y lo colocó a contraluz para ver su transparencia. Con la otra mano hizo un círculo con sus dedos índice y pulgar, imprimió fuerza de tensión, como un candado cerrado al que se presiona para abrirlo, y luego lo soltó súbitamente. La fuerza se liberó de manera explosiva y lo golpeó así varias veces con su índice, como si fuera un martillo, para suavizarlo.

En seguida sacó un ramo de hojas de cannabis seco y lo olió, como quien huele una copa de coñac antes de dar un primer sorbo. Con el papel de arroz hizo una hamaca, como queriendo poner a dormir a un pequeño bebé, y la dejó en la mesa descansando. Ahora cortó unas pequeñas ramas y las puso en una caja de metal redonda parecida a un frasco de crema, que en realidad era un molino, y al girarlo las pulverizó. El polvo de hojas de marihuana lo esparció poco a poco en la cuna preparada dando pequeños toques de chef, como poniendo pimienta a un guisado especial. Con pequeños movimientos lo amasó hasta tener un tubo perfecto, lamió sus bordes como gato y los pegó como un timbre postal a un sobre. Después sacó un pequeño bastón de madera con punta roma, como un minúsculo tejolote de piedra, y apretó el contenido como impactando la pólvora en una escopeta. Los extremos del tubo los torció como un caramelo en su envoltura de papel. Así terminó el porro.

Fidel estaba incrédulo. Le vino otro *déjà vu* de cuando sorprendió a su hija fumando marihuana, y recordó su actitud de padre autoritario: la reprendió y la castigó con intolerancia.

Patricio miró fijamente a Fidel mientras encendía su cigarro artesanal e inhalaba el humo con profundidad. Lo exhaló soltando la tensión y le ofreció un toque extendiendo su brazo para que Fidel lo tomara mientras decía: "Platiquemos, cuñado".

Estarán de acuerdo en que no se podía negar. La situación era crucial, especial, única e irrepetible, en ese momento tenía la felicidad de su Romina en las manos y no la arriesgaría. Fidel había fumado tabaco durante sus estudios de medicina, otro más de los comportamientos que imitaban los de su padre, esa patología del subconsciente por querer igualarlo y que su querida doctora Adriana le había quitado. Con el tiempo, solo fumaba después de una guardia pesada, antes de regresar a casa. Así pues, la técnica de inhalar no era problema.

Aceptó. Después de la tercera inhalación, Fidel experimentó una sensación extraña y desconocida. Con verle las pupilas a Patricio era suficiente para sentir su dolor y, sobre todo, la importancia de su visita. Cierta felicidad lo invadió. Sin emitir más palabras, podían platicar. Solo con verse podían transmitirse mutuamente ideas, sensaciones, conceptos, solicitudes y condiciones. Platicaron sin hablar, de todo y nada, pero en esas miradas, aunque no la mencionaran de viva voz, Romina siempre estuvo en sus mentes, eso lo percibían los dos.

Fidel le dejó sus datos, correo y número de teléfono. Al finalizar se dieron un abrazo cósmico, ese que aprendió con Romina y que ella había inventado con su hermano. Al ver Patricio que Fidel conocía estos abrazos, se manifestó con más confianza, con un aura mayor. Tenía guardados diez años de no saber de su hermana y eso se expresó. Fidel lo sintió. Para despedirse de su cuñado, Patricio le puso en su saco un porro recién hecho y le dijo:

—Dale este regalo a mi hermana. Dile que pronto la buscaré. Por ahora no estoy preparado para verla.

Al salir, Fidel caminó sin rumbo. Olvidó que Romina lo esperaba. Ella, al no soportar su tardanza, lo asechaba en la esquina, con el deseo y la curiosidad de ver, aunque fuera de reojo, a su hermano. Corrió tras Fidel, lo alcanzó y le preguntó. Se dio cuenta de inmediato de lo sucedido y sonrió. Con una risa nerviosa lo acompañó, lo llevó al hotel, lo abrazó y lo acostó; sabía que su Fidel había prendido una luz. Él solo le mencionaba repetidamente: "Sentí el amor que te tiene, ten paciencia. Pronto te contactará, démosle tiempo".

La experiencia de Fidel con el cannabis fue muy especial, nunca imaginó esa nueva sensación. Mientras estaba bajo el efecto de la mariguana, olvidó el mensaje de Patricio, pero al despertar y ya libre de la influencia, se sintió el paquetito en la bolsa del saco y quiso tirarlo invadido por el miedo que tenía sembrado por tradición y por ideas conservadoras.

La vida le había dado una segunda oportunidad. En esta ocasión la visita a Patricio y el contacto con la marihuana le hicieron recordar que, cuando padre de hijos adolescentes, intolerante y controlador, ellos descubrieron la marihuana en sus vidas y su actitud fue muy diferente. Aunque su visión era protectora, el resultado no fue positivo. Su recuerdo se repitió con nostalgia. Hubiera querido dar vuelta atrás, regresar el tiempo y repetir la escena; en esta nueva versión, al descubrirlos les decía: "A ver, compártanme un toque y platiquemos". "¿Qué hubiera sucedido? —pensaba—. No lo sabré, pero se preguntaba: ¿por qué no actué así?, ¿por qué no lo tomé como cuando les ofreces su primera cerveza a tus hijos?, o cuando al fumar tabaco frente a ellos te piden un toque y les explicas los daños y se lo das, una explicación absurda si tú estás fumando. Al final, no resolví nada. Me alejé de mis hijos y siguieron fumando a pesar de mí. No se hicieron adictos como les aseguré, lo hicieron como quien toma alcohol en reuniones. Al estar enamorado de Romina, no debería actuar como un padre intolerante y ocultarle el regalo de su hermano. En caso de quiera usarlo, debería acompañarla".

Contrario a lo que el Fidel de antes hiciera, ahora el deseo de compartir con ella se presentó, como una idea que no compaginaba con sus conceptos médicos tradicionales. Lo veía como algo peligroso, pero ahora usó un argumento que nunca pensó: los reclamos de sus hijos para justificarse. "Hacen más daño el alcohol y el cigarro", "fumar un porro de vez en cuando a nadie le afecta", y así lo vislumbró, diciéndose que el peligro de hacerse adicto es el mismo que hay con el alcohol, el tabaco y la marihuana.

Durante el día buscó el momento para darle a Romina el mensaje que había olvidado, más importante que el porro: "Dile que pronto la buscaré, ustedes sigan su viaje".

Cuando Romina se enteró, su sonrisa y su mirada se transformaron, ahora sí la angustia se aminoró; una posibilidad siempre es bien recibida, un tal vez, un quizá. Para probar el regalo de Patricio, se necesitaba un lugar especial. En el hotel era imposible, ni siquiera tabaco se podía fumar; en Francia es un delito, es ilegal. Solo en Holanda estaba permitido y no entraba en sus planes ese viaje. Tenían su programa de un día a la vez, así que guardaron el regalo para mejor ocasión.

Romina le confesó a Fidel que ella ya había fumado con su hermano de adolescentes. Le contó que, cuando lo hacían, se comunicaban mejor, incluso al discutir o pelearse, y al exaltarse Romina, Patricio terminaba la discusión diciéndole a su hermana: "Mejor fúmate un porro para que dejes de chingar". Una vez que Romina ingresó a la Escuela de Medicina, ya sin Patricio en su vida, nunca más la fumó.

París fue un viaje muy especial. La famosa torre Eiffel nunca se presentó en su destino, y en realidad no les importó. Para Romina, París era más que eso, representaba la posibilidad de recuperar a su hermano.

Caminaron el último día por París como cualquier ciudadano; el río Sena los acompañó. En los parques, contrario a lo que cualquiera pensaría, no había palomas para recibir migajas de pan, tal vez sintieron celos de las charas yucatecas de Fidel. En París, los conejos fueron sus compañeros, salían de sus madrigueras escondidas en los setos de flores por su alimento. Aunque popularmente se les considera signo de buena suerte, esa no era la razón de su presencia, ellos tienen comunicación con la cultura maya, suplen a sus charas yucatecas que no cruzarían el Atlántico para cuidar al doctor; ahora era trabajo de los conejos, tenían la misión de borrar las inseguridades que Fidel sembró en la pareja de enamorados.

Llegaron a Viena, una ciudad que tiene historias compartidas con Mesoamérica, con las raíces mayas de Yucatán o sus hermanos aztecas, a veces muy desconocidas, y de las que uno se entera solo al estar ahí, simplemente tomando un café con un pastel de chocolate, el agua amarga de los aztecas (*choco*: amargo, *ácatl*: agua). Ahí, en el café más tradicional de Viena, el del famoso hotel Sacher, con la elegancia del siglo XIX, la *Sacher Torte*, su delicioso pastel de chocolate con albaricoque.

Al salir de la estación del tren, caminaron por sus calles y callejones que súbitamente los acercaban a hermosos castillos, palacios y edificios. Monumentos de personajes desconocidos y, de repente, la estatua de Mozart; eso los hizo sentir en familia. Romina tocaba el piano con delicadeza, su abuela le enseñó desde pequeña, y la música de Mozart era la preferida de ambos. Como pediatras, sabían de la magia médica, la musicoterapia de sus melodías con los pacientes prematuros de Romina. Por la tarde llegaron a un mercado navideño, el frío daba un aire de nostalgia y amor. Tomaron vino caliente que los serenó. Fidel no sabía de aquello: "¿Vino caliente?, qué chistoso. En Mérida se sirve frío", pensó.

Al día siguiente, muy temprano, encontraron el museo que durante mucho tiempo habían deseado conocer, el Welt Museum Wien (Museo de Etnología de Viena). En el registro no los dejaron pagar los boletos, a los mexicanos se les permite la entrada sin costo al mostrar su pasaporte; es una manera de pagar la renta por tener secuestrada la "corona del emperador Moctezuma", el penacho, el *quetzalapanecayotl*, la quetzalidad de los apanecas, un quetzal con las alas extendidas.

Fidel se paralizó, realmente enmudeció al tenerlo enfrente. Cualquier mexicano, al verlo, de inmediato empieza a imaginar que escucha música azteca, trompetas de caracol, sonajas, cascabeles, tambores y el teponaztle; que aspira el aroma suigéneris del copal, el humo espiritual, y que observa los movimientos de los aguerridos danzantes en Tenochtitlan.

Estar ante la pieza más importante del museo, desde el punto de vista de los mexicanos, es una alegría combinada con indignación. La descripción de la historia grabada en la información del museo es falsa, incompleta, no es la versión verdadera, la contada por los descendientes aztecas que sufrieron la invasión europea. Había muchas otras piezas arqueológicas de Mesoamérica saqueadas de nuestro país, pero esa no tenía comparación, su significado e historia estaban impresas en las plumas de quetzal, un color parecido al de sus charas yucatecas. Permanecieron admirándolo por mucho tiempo. Muy pocos mexicanos tienen esta vivencia y había que grabarla.

A Fidel esto lo llenó de una energía muy especial, les quedó un orgullo inexplicable. ¿Qué historia y qué caminos tuvo que pasar para que este penacho, este tocado de plumas engarzadas en oro llegara a Viena? Hay muchas leyendas, si es real o no, pero al verlo estas dudas se ignoran. La simple sospecha de su autenticidad desaparece al estar frente a él. En su mente empezó a imaginar cómo extraerlo para que volviera a casa, ideas que cualquier buen mexicano pensaría, solo ideas, robar el penacho de Moctezuma.

Fidel y Romina tenían sangre indígena por parte de sus madres mayas y esto hacía que fueran empáticos con sus ancestros. Los aztecas y los mayas sufrieron por igual la imposición de otra religión, otra lengua, otras costumbres, y la destrucción de sus monumentos. Ambos eran mitad hijos del maíz y también del barro por la sangre europea de sus padres, dos mestizos, lo que aminoraba mas no borraba el sentimiento de injusticia; por el contrario, los hacía cómplices genéticos de la infamia.

Ese día Romina y Fidel llegaron al hotel y subieron a la azotea, donde había un espacio para fumadores. Ahí decidieron usar el regalo de Patricio, el famoso porro. Los dos, con una sensación de tranquilidad y espiritualidad, pidieron perdón a los antepasados de su rama indígena materna de parte de su invasora sangre europea paterna, como si fuera un ejercicio de constelaciones familiares, por no respetar su religión y tradiciones, por destruir sus construcciones y saquear sus tesoros. Eso les calmó mucho el enojo y la culpa sembrada por siglos en su inconsciente colectivo. Así se dio el perdón, una actitud muy sensata y amorosa, humana y empática con el agredido.

Solo les quedaba un pendiente de su viaje a Viena: visitar la casa museo del padre del psicoanálisis. Fidel había leído mucho de Sigmund Freud y añoraba conocerla. De no haberse ensimismado con su padre, lo más seguro es que hubiese estudiado psiquiatría, y eso lo sabía Romina. Su tema favorito en sus pláticas de novios era sobre los sueños y le gustaba explicarlos con el mentado inconsciente.

Al salir el sol, el señor del ojo solar Kinich Ahau, dios maya, les envió una luz intensa para despertarlos supliendo en su trabajo a las charas que seguían su tarea con otros hombres del otro lado del Atlántico en la península de

Yucatán. El objetivo de los dioses mayas era que Fidel aprovechara la visita a la casa museo del doctor Freud para que entendiera el mensaje que necesitaba para seguir trabajando como médico sin importarle su edad.

Ese día tuvo muchos razonamientos influidos por sus vivencias personales y por sus miedos, sueños y deseos inconscientes. En esta visita se sintió un paciente más que quería curar sus represiones, las cuales le producían sueños y síntomas que desconocía.

Se enteró de que Freud hablaba perfectamente español, que era parte de la Academia Castellana, asociación de jóvenes enamorados de la literatura española, lo que a varios como él les hizo imaginar que podrían platicar con su contemporáneo, el doctor Ramón y Cajal, Premio Nobel de Medicina y descubridor de la neurona, algo que nunca sucedió más que en su imaginación.

Además, Freud era seguidor y admirador de las ideas de Schopenhauer y Nietzsche, con las que Fidel simpatizaba. Esta visita también fue muy importante para las conclusiones y planes futuros de la pareja, pues había un elemento nuevo en sus vidas: su contacto con la marihuana. Fidel acababa de descubrirla y Romina de redescubrirla, pero como buenos médicos responsables con su obligación de atender a pacientes graves, no podrían levitar y relajarse bajo sus efectos. Eso estaba bien para los artistas, músicos y pintores como Patricio. Para los médicos la droga podría alterar sus decisiones en el manejo de sus enfermos en terapia intensiva neonatal y en quirófano y urgencias; estaba de por medio la calidad de vida de sus enfermos y sus posibles secuelas por un error, impericia, negligencia o imprudencia. En el museo, Freud se los confirmó al transmitirles su experiencia en carne propia, a ellos y a todos los médicos en el futuro.

Con interés se enteraron en detalle de la etapa de Freud como pionero en proponer la cocaína como medicamento; su intención era buena, científica. Se volvió fanático de esa droga y la propuso como estimulante y analgésico contra la histeria, la depresión y hasta para el asma y la indigestión. También para aliviar a sus enfermos con adicción a la morfina y al alcohol, y así ayudar a los soldados de la primera Guerra Mundial atrapados en ese vicio. Él mismo la probó sin saber que, así como hacía el bien al calmar el dolor y proporcionar euforia, energía y felicidad, a la larga también dañaba con los temidos efectos de la abstinencia y la necesidad de incrementar la dosis. Freud se volvió adicto, hasta que entendió en carne propia que no era una sustancia mágica e inofensiva. La dejó a los cuarenta años por sus crisis de taquicardia y al darse cuenta de que su desempeño intelectual mermaba. Aunque no había presentado alucinaciones paranoicas, uno de sus amigos vio serpientes blancas que se arrastraban por su piel.

Algo pasó, un evento que le dio la fuerza para dejarla en forma decisiva, algo que solo a un buen médico lo haría cambiar, y que para Fidel y Romina fue un mensaje directo para que la mariguana que acababan de descubrir saliera de sus vidas, o por lo menos le tuvieran respeto.

Fidel empezó a imaginar en la casa museo que Freud había aprendido de su maestro de cirugía, que el psiquiatra había viajado al futuro en un sueño y que el doctor Arturo Peña, su mentor de cirugía, también lo había sido de Freud. Luego de escuchar sus consejos en el futuro, les enseñó a sus alumnos lo que Fidel con el tiempo transmitiría a sus estudiantes: "Después de operar a un niño debemos tomarnos un tiempo para hacer nuestra propia sesión de morbimortalidad y decirnos muy sinceramente, con humildad y verdad, ¿qué cambiaría de lo que hice?, ¿cómo podría hacer lo mismo con mejores resultados?, ¿con menos secuelas?, ¿más elegante y amablemente?, ¿con menos sufrimiento y dolor?".

Freud lo puso en práctica. En 1895 abusaba de la cocaína y, estando bajo sus efectos, realizó una cirugía a su alumna Emma Eckstein junto con un colega cirujano con el que compartía la teoría de la famosa neurosis nasal refleja, algo pseudocientífico que afirmaba que había una supuesta conexión entre los genitales y la nariz, idea que ahora vemos absurda. Freud y el creador de esta teoría, Wilhelm Fliess, usaron cocaína como anestésico en su paciente y cauterizaron la mucosa nasal para evitar sus ansias de masturbarse al suprimir sus nervios sexuales. Todo salió mal, fue un completo desastre, se complicó, se infectó y hubo hemorragias. Al empeorar el estado de la enferma, pasados unos días, Freud pidió ayuda a otro cirujano con mucha mayor habilidad e inteligencia para estos procedimientos, y este observó que habían dejado una gasa. Al retirarla, drenó abundante pus y le salvó la vida. En ese evento, Freud se sintió mal por la cocaína y abandonó a su colega a mitad de la cirugía. En sus pensamientos posoperatorios y en el análisis de los errores, se dio cuenta, como buen científico, de la incapacidad que le producía la droga y el daño potencial que le produjo a un enfermo, lo que hizo que dejara la sustancia por completo.

Fidel lo equiparó con el peligro que la mariguana podría producirle como cirujano. Y aunque dice el dicho que nadie experimenta en cabeza ajena, con Freud lo aprendieron. Durante la visita admiraron la vocación y valentía de Freud que, a pesar del cáncer de paladar que padecía por su adicción a los puros de tabaco, seguía trabajando e investigando, y a pesar de requerir treinta y tres cirugías, usar molestas prótesis de paladar y sus ochenta y tres años de edad, no dejó su profesión y atendió a sus enfermos hasta su muerte. Nunca dejó de escribir y publicar. Esto le recordó a su amigo, el padre Mardonio, que murió igualmente trabajando, a pesar de tener cáncer de próstata terminal.

Aunque Fidel estaba sesgado por las teorías de Freud, entendía que siguieran siendo discutidas y criticadas, cuando no simplemente rechazadas, pues, a pesar de todo, era admirable su descubrimiento de gran parte del funcionamiento psíquico del ser humano.

Fidel necesitaba seguir trabajando como médico, pero sin hacer daño, y la cirugía requiere de una habilidad manual y visual que se pierden con la edad. Aunque aún se sentía seguro como cirujano, frecuentes pensamientos lo atormentaban desde los eventos de salud recientemente acontecidos desde su desprendimiento del cuerpo vítreo. Con esta visita a la casa museo, poco a poco veía su futuro, una posibilidad de seguir ayudando a sus enfermos como médico, solo que ahora curando sus mentes. Muchos pacientes, adultos y niños, deprimidos, ansiosos, bipolares, con personalidades muy complejas y poco sociables, con inseguridades y complejos, podrían mejorar sus vidas con su ayuda. Había en su vida seres muy queridos, familiares y padres de sus pequeños pacientes que resolvieron su dolor con el suicidio, y al haber estado en contacto con ellos, se lamentaba de no haberse dado cuenta; les había fallado como médico.

Se vio de repente sentado en la silla de Freud que se encontraba en el museo, la que le regaló a su hija Matilde, que estaba estratégicamente al lado de un diván, réplica del original en su casa museo de Londres, y así se visualizó anciano, feliz y útil, dando consultas a sus pacientes.

Todo el día "se gastó" —como dicen sus paisanos yucatecos— en la famosa visita. Los policías les indicaron que el museo cerraría. Romina y Fidel fueron a cenar muy tranquilos, sintiendo que habían cumplido un deseo soñado por muchos años. Brindaron con vino tinto caliente que, en las noches frías de Viena, era más que una ceremonia de triunfo por lo vivido. Se desvelaron por sus calles platicando y razonando lo aprendido sobre las teorías de la mente y la conducta humana, y en su discusión no faltaron los sueños y lo que el inconsciente les quería decir.

Estas primeras semanas de viaje los habían unido más, se sentían una pareja empática sin importar la diferencia de edades; ya nada les hacía falta. Ahora se presentaría la prueba más importante para demostrarse ambos una lealtad que iba más allá de las palabras y las promesas.

Romina le pidió a Fidel que dejaran que la vida los guiara en su relación. Lo único que planearían sin presionarse sería, si se diera la oportunidad, decidir si tendrían un hijo, pero por ahora concluyeron que no era el momento y, como médicos responsables, continuarían usando anticonceptivos temporales. A Romina aún le quedaban años de vida en sus ovocitos y solo le pidió a Fidel renunciar a la idea que mencionó alguna vez de hacerse la vasectomía.

—Tus espermatozoides son míos, prométélo —le dijo con seguridad.

La posibilidad no se descartaría, era solo eso, un sueño guardado, y con eso serían felices. Y así lo acordaron. Estaban en plena plática, viajando en el tren rumbo a Hungría, Romina recostada en el hombro de Fidel tomando un vino húngaro dorado, un Chateau Dereszla Tokaji Aszú, ese al que Luis XIV de Francia considerara un regalo de buen gusto y emblemático de los zares rusos. Para Fidel y Romina era solo la cereza del pastel de ese admirado y hermoso paisaje que encuadraba su amor.

Al conectarse al internet del tren, súbitamente se anunció un mensaje de correo en su teléfono celular: "Estimado cuñado, por favor dile a Romina que quiero verla. Estoy preparado para platicar con ella. Estaré trabajando en una pequeña ciudad cerca de Barcelona, Girona. Ahí tengo un apartamento rentado en el que me quedaré por unos meses. Si aún siguen en Europa, los invito el tiempo que quieran, es una ciudad hermosa. Si ya regresaron, lo dejamos para otra oportunidad. Avísenme si vendrán y, de ser así, qué día".

Romina se quedó helada. La noticia le llegó en un momento de tranquilidad y, para ser honesta, ya no pensaba en su hermano, tenía su mente ocupada en ser feliz con Fidel, pero esto le movió su mundo, le regresó el deseo de recuperar a su hermano. Temía no estar a su altura, pero la compañía de Fidel le inspiraba seguridad: "Contéstale que sí, por favor. Ándale, antes de que se arrepienta".

Llegaron a Hungría, se hospedaron, y por la noche, mientras cenaban, llegó otro mensaje: "Aquí los espero. Avísenme al llegar para recogerlos en la estación del tren".

Romina ya quería regresar al hotel, comprar los boletos e irse. El viaje a Hungría solo fue eso, su plan de no planear cada día se cumplía, no solo en el viaje, también en su amor.

Compraron los boletos a Barcelona; el avión salía a la mañana siguiente. El Danubio azul y su recorrido que dividía Budapest quedarían para otra ocasión, un país con una historia muy rica y unida a México: el imperio austrohúngaro. Aunque al despegar lo admiraron desde el cielo, Fidel tomó una foto para presumir que estuvieron ahí. A ninguno le dolió no conocerlo. La ilusión del reencuentro de Romina con Patricio emocionaba igualmente a Fidel.

Llegaron a Barcelona, una ciudad que siempre quisieron conocer, y más Fidel, cuya hija menor, Catalina, que era física por la Universidad Nacional Autónoma de México, había vivido y estudiado la maestría en Física de partículas en la Universidad de Barcelona. Ella lo invitó muchas veces a visitarla, pero Fidel, en su ensimismamiento y mimetización con su padre, siempre encontró un pretexto, por trabajo o por dinero, para no ir. En su patología, su subconsciente le recordaba: "Si mi padre nunca viajó a Europa, para mí esa posibilidad no existe". Ahora Catalina vivía en el Estado de México, trabajaba en el Instituto Nacional de Investigaciones Nucleares. Barcelona, sin el trauma del padre que la doctora Adriana le curó, pero también sin su hija, le provocaba una culpa diferente, esa culpa que a veces regresaba sin sentido: ¿cómo explicarle que ahora sí lo hizo y no cuando ella se lo pidió?: "Papá, ven a visitarme, tengo mucho que enseñarte".

Barcelona tuvo el mismo destino que Hungría, solo fue el paso para cambiar del avión al tren. Por su error del pasado, Fidel no propuso visitarlo. No lo habría disfrutado, su culpa se lo impedía. Además, Girona era la meta y Romina ni siquiera lo notó, ella estaba ansiosa por ver a su querido Patito.

Durante el viaje, las estaciones en cada parada eran anunciadas en catalán y en español mediante una grabación con una voz perfecta, con un timbre femenino de una mujer madura y sensata. Los dos oyeron: "Pròxima estació Girona-Próxima estación Girona", y Romina empezó a sentir una intranquilidad que se transformó en angustia. Llegaron, aún era temprano, casi las diez de la mañana. Se conectaron a internet, Fidel tenía un nuevo mensaje: "Cuñado, mil disculpas. Tuve que salir a un trabajo cerca de aquí. Regreso mañana por la noche y cenamos. Les dejo los números de la clave para acceder al departamento. Siéntanse en su casa".

Caminaron desde la estación hasta la dirección señalada. Girona queda al extremo norte de Cataluña, casi frontera con Francia. El departamento de Patricio se ubicaba a la orilla del río Oñar, en las famosas "casas del Oñar", pintadas con tonos que combinaban, en una paleta cromática en la ribera, colores que les recordaron la estética del pueblo de Izamal en Yucatán.

Ese día lo aprovecharon para conocer la ciudad, que les hizo evocar Taxco o Guanajuato, en México, y donde, por cierto, se tomaron una fotografía en el famoso callejón del Beso, y que Romina exponía en su buró. Caminaron por todo su casco histórico, delimitado por el paseo de la muralla, subieron y bajaron escaleras disfrutando los paisajes que les ofrecía la antigua fortificación carolingia del bajo medievo. En sus descansos los invadió un sentimiento inexplicable, muy parecido al que se experimenta al visitar las antiguas pirámides mayas, como si percibieran los fantasmas de los antepasados que los acompañaban ese día, iberos, romanos, musulmanes y judíos. Con el frío de principios de diciembre, se expresaban los espíritus que les hacían sombra. Estaban solos, no era temporada alta de turistas.

Al llegar a la catedral de Girona de Santa María, admiraron la construcción que data de los siglos XI al XVIII, con influencias arquitectónicas románicas, góticas y barrocas. Su nave gótica es la segunda más grande de Europa después de la de San Pedro.

Fidel quiso jugar recordando cuando lo hacía con sus hijos. Le dio una nalgada a Romina y gritó "¡las traes!", retándola a que lo alcanzara. Ella empezó a perseguirlo, parecían niños correteándose por sus más de noventa escalones con sus espaciosos tramos de descanso. Realmente estaba en la competencia, hasta que Fidel tropezó y rodó por las escaleras hasta una meseta. No paraban de reír tirados en el piso viendo el azul del cielo e imaginando las formas de las nubes. Fue un día muy especial, en ese momento no eran los serios doctores del hospital, eran dos niños que regresaban a sus edades más importantes de sus vidas en las que fueron marcados. Así, sin pensarlo, con su alegría, el destino quería romper con esa tristeza que su inconsciente necesitaba desaparecer. Freud los ayudaba aun sin estar en Austria. Fidel, de ocho años, y Romina, de dieciséis. Era un sentimiento de dos hermanos o dos primos muy queridos, o como aquellos "novios de la infancia", cuando en realidad nos enamoramos del amor.

Regresaron al departamento ya muy tarde. Después de cenar pasaron por una calle peatonal de restaurantes y comercios muy transitada por los visitantes, la Rambla de la Libertad del centro de Girona. Cruzaron por un puente, uno de los tantos que la ciudad tiene, este en particular estaba hecho de hierro de color rojo. Sonrieron al ver en su información que lo había construido el famoso Gustave Eiffel, el de la torre en París que nunca visitaron.

Esa noche en el departamento de Patricio, los dos se sentían como en su luna de miel, tenían un sentimiento de unión más fuerte que la lealtad. Al parecer, el puente de hierro se los transmitió. Estaban listos para el encuentro con el hermano. Fidel le recomendó: "Sé muy tolerante y empática con tu hermano. Si te ofrece cannabis, la aceptamos y convivimos con él. Por ahora nuestro lema es 'recuperar a la familia'. Como dice nuestro querido presidente: 'Prohibido prohibir'", dijo en broma.

Llegó el día esperado, se oyó que alguien entraba. Así se presentó Patricio, de repente; aunque lo esperaban, los sorprendió. Al estar frente a Romina, ella, sin pensarlo, por instinto, corrió a su encuentro y lo abrazó llorando. Habían pasado muchos años. En ese momento, en su subconsciente, Patricio, además de ser su querido hermano extraviado en su vida, también representaba un reflejo de su padre. La cara de Patricio ya no era la del joven que ella recordaba, con la que se fue. Ella lloraba desconsolada y Patricio correspondió poniendo su cuerpo flojo, sin oponer resistencia, solo cerró los ojos para reiniciar ese abrazo que habían inventado de hermanos, su famosa unión cósmica. Lloraba y le decía cuánto lo había añorado, cuánto lo amaba y, a la vez, cuánto extrañaba también a su padre y lo mucho que lamentaba haberlo herido. Patricio no habló, no estaba preparado para un recibimiento así, y aunque no opuso resistencia, sentía algo de incomodidad. Aún había rencor, ese que se acumula por falta de empatía y de no ponerse en los zapatos de la muchacha inmadura y consentida que ya había cambiado.

Fidel lo notó y quiso separarlos, pero Patricio lo miró como advirtiéndole que no se involucrara. Así lo entendió de inmediato, pero no permitiría que la lastimara, así que no hizo caso y la apartó: "Vamos, Romina, estás incomodando a tu hermano".

Patricio no sabía qué sentir, qué hacer. Estaba entre arrepentido y con la fuerza para platicar y así tratar de solucionar ese sentimiento que no lo dejaba en paz. El rencor se mezclaba con los sentimientos de los hermanos felices que habían sido durante su infancia.

Fidel había comprado unas buenas botellas de vino, carnes frías y baguettes para el encuentro con su cuñado. Lo que no sabían eran los planes de su anfitrión.

Tomaron el vino, uno catalán muy exquisito que el tendero le sugirió a Fidel, elaborado en el corazón de Cataluña, el famoso Do Pla de Bages. Abrió la primera botella, la de Merlot, sirvió las tres copas y esto aminoró la tensión. El alcohol trabajaba relajando las sinapsis del estrés, empezaron una plática informal, sin sentimientos. Romina estaba muy emocionada.

Ellos no sabían el trabajo secreto de Patricio, aunque habían inferido, por la visita de Fidel a su departamento en París, algo parecido a la realidad, que era pintor, y que vendía sus cuadros a otros pintores para que los firmaran. Esa era la pantalla de su verdadero oficio, en realidad era un médico farmacéutico de drogas, su fama lo había vuelto muy cotizado entre los adictos adinerados. Les hacía sus recetas personalizadas y a eso había ido a Girona. El plan de Patricio era hablar con su hermana con la sinceridad que solo una droga les daría, el éxtasis. Le advirtió a Fidel que solo aceptaría una copa para él y su hermana. Fidel no entendía: ¿por qué les ordenaba así? Lo dijo agresivo y con seriedad y esto los sorprendió.

—Tú, cuñado, toma lo que gustes. Yo quiero platicar bien con Romina y el alcohol no lo permitiría. Ella y yo solo una copa.

Fidel no estaba de acuerdo, pero estaba en su plan de tolerancia y así lo entendió. Una vez que disfrutó cada uno su copa, Fidel se sirvió una más para terminar las cuatro que rendía la botella. Las botanas que hacía unas cuantas horas Romina preparó con cariño se quedaron servidas, nadie las probó.

Patricio hizo café. Fidel y Romina se miraron con complicidad y acordaron no discutir con él. Fidel le sonrió a Romina y señaló que el café que su hermano preparaba era importado de su querido Chiapas, en México, y comentó: "Ese café es nuestro preferido", como para relajar la tensión, pero Patricio no contestó.

Bebieron el café y, ahora sí, Patricio tomó el mando y dio las instrucciones.

Se sentaron a la mesa principal, y para ese momento la presencia de Fidel le incomodaba a Patricio sobremanera. Para platicar con su hermana, actuó como un médico o farmacéutico de drogas. Les pidió a ambos su peso: Fidel dijo 80 kilos, y Romina 53. Sacó una calculadora, realizó unas operaciones y apuntó una cantidad en miligramos, tal como ellos lo hacían al calcular los medicamentos o alimentos parenterales de sus pacientes pediátricos, lo que los hizo reír por dentro.

Después tomó un maletín del que sacó unas bolsas con polvos medicinales blancos, azules y rosas. Sacó de un pequeño estuche una báscula electrónica del tamaño de un celular, muy profesional y sensible para detectar cantidades menores de un gramo. En miligramos, apartó tres montones de polvo. Abrió otra bolsita que contenía cápsulas medicinales vacías y vertió el polvo con el montoncito asignado para cada peso.

Fidel preguntó con prudencia qué era eso, y Patricio respondió, entre serio y autoritario:

—Ustedes pidieron hablar conmigo, ustedes me buscaron. Las condiciones las pongo yo —y dirigiéndose a Romina—: ¿Quieres que platiquemos?

—Sí —respondió ella con seguridad, conocía a su hermano y nunca pasó por su mente la posibilidad de que la dañara.

—Quiero hablar bien contigo y la única manera es que esta plática sea sincera, con esta droga así será, confía en mí.

Fidel nuevamente le pidió:

—Solo dinos qué es.

Romina, con la mirada, le pidió que callara. Patricio, más molesto, dijo:

—Si tú no quieres tomarla, no importa. Te pido que salgas a pasear un rato en lo que platico con mi hermana. Es una droga confiable, estoy seguro de que la conocen, se llama éxtasis, MDMA.

—Está bien —dijo Fidel—, si Romina está de acuerdo, yo también.

Lo que Fidel no sabía era que el plan original de Patricio era que él y su hermana tomaran el éxtasis para platicar, y a Fidel, que ya le resultaba fastidioso, le preparó una dosis de LSD para que los dejara en paz.

Los tres ingirieron las cápsulas al mismo tiempo con un vaso de agua cristalina y fría. Empezó así una plática muy sincera. Los hermanos regresaron a su época de felicidad, hablaron con amor y verdad y el perdón empezó a sembrarse.

Fidel no se sentía bien. Luchaba con la nueva sensación, pero no quería preocupar ni incomodar a los hermanos, así que se disculpó para dejarlos solos y salió del cuarto. Sin que Romina y Patricio se percataran, salió también del departamento a caminar por las calles de Girona. Cada vez se sentía más raro, pero tranquilo.

Cruzó nuevamente el puente del río Oñar y los rombos de hierro rojo, como si fueran bocas, le hablaban y le decían: "Muy bien, Fidel. Le demostraste tu amor a Romina", y ahora eran ojos que lo veían mezclados con bocas que reían. Siguió caminando hasta llegar a las ramblas de la Independencia y todos los transeúntes se quitaban los sombreros, que no eran reales, y lo saludaban y lo felicitaban sonrientes por apoyar a Romina. Él se sentía más liviano, como cuando soñaba que volaba, pero no lo quiso intentar, estaba muy feliz para alejarse de la tierra. A lo lejos alguien le gritaba: "Ven, Fidel, ven", y al seguir la voz ficticia llegó al antiguo barrio judío. Ahí las paredes brillaban como señalándole el camino hasta llegar a la muralla. Mientras caminaba, de repente las ramas de los árboles, convertidas en brazos, y sus troncos en cuerpos, como estatuas que se movían con el viento, le gritaban en catalán: "Quítate la máscara, quítate la máscara, la mascareta", eso lo sacó de su subconsciente, de cuando en el tren le dijeron en catalán que se pusiera el cubrebocas.

En su vivencia con el LSD, sin saberlo, lo interpretó así: fuera máscaras, vive tu vida, reinvéntate. Al regresar a casa, después de casi seis horas de estar vagando, encontró a su hermana y a su cuñado felices, seguían platicando. Se habían terminado las botanas y las botellas de vino que había comprado Fidel.

Al enterarse Patricio de la aventura de Fidel, y en agradecimiento por el reencuentro con su hermana, le dijo dándole un abrazo: "Cuñado, ¡pasaste la prueba!, considérate mi hermano". Le reconoció el haber traído de vuelta a su querida hermana a su vida. Por último, antes de retirarse a dormir ya de mañana, les confesó que a Fidel no le había preparado éxtasis sino LSD, y los tres rieron, Romina más que todos, parecía una niña traviesa y burlona.

—¿Y por qué lo hiciste, Patricio?

—Porque ya me estaba haciendo enojar, quería platicar contigo a solas, y ni modo, es el precio que pagó para ser aceptado. Fidel no reía, pero por dentro agradecía esta vivencia que nunca imaginó tener. Necesitó el LSD para sentir, ahora sí, la fuerza para reinventarse.

Ese viaje terminaba con muchos cambios en sus vidas.

4.
Tradea (metilfenidato)

El examen MIR, una discriminación oculta

Fidel y Romina se encontraban de nuevo en su entorno, en su tierra, con sus cariños y sus costumbres en Mérida, en esa pequeña parte del enorme territorio maya, solo un minúsculo trozo visible de esa gran civilización oculta y enterrada por sus antepasados maternos para resistir a la invasión europea de sus antecesores paternos. Ahí permanecían guardados sus secretos, sus conocimientos milenarios, sus tesoros y sus dioses sin poder expresar las voces del remordimiento ocultas en su cerebro colectivo, como si se manifestaran en lagunas cerebrales guardadas por la angustia vivida.

Tal vez por eso se revelaban las nuevas enfermedades de Fidel, supuestamente explicadas por la edad, como si tuviera también arrugas por dentro, en sus vísceras, en sus entrañas, y esa era la verdadera necesidad de reinventarse, era como desear desvanecerlas con una crema rejuvenecedora como las que se aplican en la cara, pero para las internas requería algo que le calmara esa hambre de vivir. Quería utilizar su insomnio y sus achaques y volverlos positivos, sin terminar hundido en un cansancio inútil, exprimir lo más posible la energía de vivir como el último regalo de sus dioses antes de viajar al inframundo.

Los ejemplos del padre Mardonio, del doctor Freud, de Ramón y Cajal y de su aún vivo maestro Peña eran visiones que en su subconsciente lo alentaban. Por primera vez después de tantos años, Fidel y Romina vivían momentos de calma, la cual contrarrestaban con la tempestad interna que se había sembrado en ambos.

Estaban en una hermosa casa que habían construido con amor, pero que sus vivencias en Europa amenazaban con derrumbar. Los dos habían cambiado. En Fidel había nacido un sentimiento parecido al de los europeos invasores de esta "nueva" tierra, a la que llamaron América, igual de rica y longeva que la europea. Esa pasión de sus antepasados españoles les había contagiado el ansia y el deseo de emigrar, de aventurarse, de quemar sus naves. En su cabeza existía un sí y un no, la incertidumbre, y en su inconsciente se daba un plazo para expresar una respuesta definitiva. Precisaba un mensaje para encontrarla, comprenderla: ¿qué era lo que le angustiaba? Esa respuesta estaba ahí, solo era cuestión de distinguirla y entenderla.

Desde su llegada, algo le hacía falta, lo sabía, pero no acertaba a identificarlo, y su amada Romina se lo hizo notar.

—Ay, Fidel, desde que regresamos duermo tranquila sabiendo que tus mentados pajarracos ya no nos despertarán. Nuestro viaje logró que se cansaran de venir por su comida y ahora el silencio por las mañanas es hermoso. Me despierta la luz al entrar paulatinamente por la ventana y no esos alaridos que me volvían loca.

A ese espléndido día estival, lleno de calor húmedo, con su abundante rocío y el hermoso azul del cielo con los tonos rojizos del amanecer le hacía falta el canto de los pájaros. Fidel lo comprendió en ese instante, extrañaba eso. Esa pequeña afirmación le recordó un detalle ocurrido en Viena que les hizo prometer ser honestos. En aquella ocasión, la noche era más fría que las anteriores. Regresaban del tianguis navideño y de beber vino caliente. Aún era temprano y Fidel pensó que Romina querría salir a caminar más, a pasear por las hermosas calles peatonales y con vida nocturna de ciudad, y tal vez ir a un bar con música. Si quería halagar a su hermosa y joven novia, tendría que hacer un esfuerzo. Él hubiera preferido quedarse en el hotel, acurrucados en la cama, tal vez viendo una película, pero decidió consentirla. Ella aceptó, se arregló y salieron. El frío era insoportable y ella terminó por decir:

—Ay, Fidel, perdóname que no te complazca esta vez, pero quisiera regresar. Preferiría que estuviéramos acurrucados en la cama viendo una película y tomando un chocolate caliente con pan dulce.

Cuando Fidel le contó por qué le propuso salir, los dos rieron como niños sin freno, como cuando el profesor descubre la travesura cometida. Prometieron, entonces, que eso no volvería a pasar. Juraron decir lo que cada uno pensaba, y Romina lo cumplió con una frase hiriente para Fidel: "Esos alaridos de tus pajarracos me volvían loca".

Romina salió rumbo al hospital, tenía guardia nocturna en terapia intensiva neonatal y regresaría a media mañana. Fidel tenía la noche libre, dormiría solo y despertaría con toda la cama para él, con el nuevo silencio por la ausencia de las charas yucatecas a las que extrañaba.

Al amanecer, sin Romina, se levantó para prepararse su acostumbrado café. Cortó unos pedazos de pan y los esparció sobre el piso de la terraza del jardín, ya que Romina había desaparecido la famosa cazuela. Fidel intentó imitar el graznido de sus queridas charas con la esperanza de ser escuchado, y como por milagro llegó una, luego otra, y así hasta llenar el patio. Eran más de veinte; el bullicio era hermoso, fuerte y alegre. Estaban emocionadas con el regreso de Fidel, y él aún más.

A partir de ese día, todas las mañanas aparecían los mentados pajarracos para Romina, quien no entendía cómo ocurrió su regreso si ella misma se deshizo de la cazuela. Fidel no se lo confesó, estaba aprendiendo a callarse algunos secretos. Así empezó a manifestarse el nuevo Fidel, uno que se quería más que antes, uno que no era la copia de don Arnulfo.

El ambiente había cambiado. El viaje a Europa y el reencuentro con su hermano Patricio también habían transformado a Romina. Sus pláticas ahora eran breves, quisquillosas y contenidas, se iba creando cierta distancia, una lejanía que a veces los conducía a riñas amorosas, algunas amargas y desesperadas que terminaban en la cama como antaño; la sexualidad no había disminuido, pero el amor paternal soterrado y protector de Fidel por Romina ya no estaba. Su compañía ahora tenía algo de egoísmo, los dos buscaban evitar la soledad, aunque en realidad empezaba a crecer. Se incrementaba el aburrimiento, se perdían en sus pensamientos y faltaban los juegos que acompañaban al amor.

Esa noche Romina no había abierto la boca en toda la velada. Permaneció callada como solo las mujeres son capaces de hacerlo cuando acumulan en su fuero interno preocupaciones por su amor y sienten que se está apagando lentamente. Había una desagradable incertidumbre que la hacía sufrir por un miedo o una herida oculta, pero evidente. Fidel también estaba abrumado y ansioso. Estos pensamientos, dudas y preguntas, a veces de respuesta fácil, los humanos las hacemos más grandes y acaban por envenenarnos como una enfermedad y nos destruyen de modo irreversible. Pero ellos sabían que cuando el amor es sincero y profundo, a la larga perdona y olvida. Así que la propuesta nació.

Los dioses mayas se expresaron ese día para que su paso por la vida terrenal antes de viajar al inframundo fuera plena, feliz y, sobre todo, útil; aún tenían mucho que aportar.

De nuevo se presentó el que, para Romina, era un chillido sordo, el alarido de las charas. Fidel decidió confesar que había sido él quien las hizo volver. Así era él; en realidad solo ocultó su acción unos días. No podía mantener un secreto o una mentira por mucho tiempo. Su cambio fue momentáneo y Romina ya lo sabía, pero no quiso confrontarlo.

—Fidel, tu presencia en mi vida ha sido hermosa y, en parte, gracias a ti recuperé a mi hermano. Nuestra relación se ha vuelto de amigos y compañeros. Para mí el sexo no ha cambiado, el deseo por ti ha aumentado, pero veo que a ti te ha sucedido lo contrario. Últimamente buscas pretextos y me rechazas; esto es algo muy fuerte que me ata a ti. A veces pienso que ya no me amas o que estás ilusionado con otra mujer y, la verdad, ya empiezo a sentirme vacía. No me llena el hospital ni mis enfermos. A veces desearía no ir a mis guardias. Nunca pensé que esto me pasaría. Se ha vuelto una rutina y tú eras el catalizador para mis angustias. Ahora, confieso que he fumado marihuana a escondidas y eso me ha tranquilizado. He platicado mucho con Patricio y me propuso hacer un viaje a la India, como hermanos, por un año. En verdad quiero ir. No sé si al hacerlo te perderé, o si ya te he perdido, pero…

Fidel la interrumpió.

—Qué bueno que me dices esto. Yo tampoco he sido honesto contigo. Me asustan los cambios naturales de mi edad y quiero explicar por qué te he rechazado. Tú también me enciendes sexualmente, pero no te platiqué algo que ocurrió la última vez que hicimos el amor al regresar de Viena; no quise preocuparte. Fue algo muy especial, con una pasión desbordada y llena de energía, una que no se puede fingir. Recuerdo tus gemidos y los guardaré entre mis engramas preferidos. Al día siguiente regresaron los chispazos, como lámpara a punto de fundirse, y las miodesopsias, las sombras negras en mi ojo izquierdo. Fui con mi oftalmóloga y me diagnosticó un desgarro de retina. No me dejó salir del hospital, me aplicó un tratamiento de fotocoagulación con láser de argón y me indicó reposo.

Por eso te rechazaba y no te respondía; estuve a punto de decírtelo, pero no tuve el valor, no entiendo por qué, al estar contigo, me avergüenza mi edad, como si no tuviera derecho a ser feliz; aún cargo con esa culpa maldita que aprendí de niño en las escuelas religiosas.

Romina lo abrazó, así regresó el abrazo cósmico de comprensión y empatía. Ya no más reclamos ni sentimientos de rencor. Los dos estaban cosechando lo sembrado, una amistad y un amor curados de ese vaivén en los sentimientos de las personas, algo que con la madurez da serenidad, libertad y audacia de espíritu. Había desaparecido esa actitud enfermiza que siempre encuentra motivos para quejarse de algo, ese amor egoísta del niño por su madre.

El regreso de las charas hizo que Romina notara algo hermoso, por eso no protestó: así como las aves tenían un significado para Fidel, para ella lo tenían los tres árboles de mango que sembró en el jardín. Desde el regreso de los pajarracos, habían dado frutos como nunca antes. Romina invirtió mucho tiempo y cariño en ellos para que florecieran y se dieran, pero algo hacía falta, algo que el abono y los fertilizantes administrados no lograrían jamás. No existe siembra —y no importa cuánto la vigile el hombre— si no cuenta con la voluntad de la naturaleza; ella, por su sangre maya, lo sabía subconscientemente. Ahora los dioses mayas de la lluvia, del sol y de la fertilidad habían decidido ayudar; ellos sabían que algo importante ocurriría con sus hijos. La voluntad de los dioses se expresaba al fin.

En el inframundo maya, los muertos ya no pueden hablar, ellos se expresan así, como frutos, agua, luz y el canto de los pájaros, pero Romina y Fidel aún estaban vivos.

¿Entonces? Sus ancestros se lo querían decir, se expresaban con la naturaleza para que se sintieran apoyados. Aquello ya lo sabían, pero no habían querido entender: su vida juntos había concluido, la enseñanza había sido aprobada.

Fidel continuó hablando:

—Así como tú has platicado con Patricio, y él te ha abierto una posibilidad de reencontrarte, reinventarte y ser feliz, yo también he tenido charlas e intercambiado pensamientos que no te he compartido. He vuelto a ver a mi hija Catalina y ella me ha reforzado la idea de realizar la residencia en psiquiatría.

Romina, en lugar de molestarse por no estar enterada, se alegró de la reunión de Fidel con su hija. La Romina adolescente ya había madurado, era la prueba final de su nueva personalidad y así lo expresó. Abrazó a Fidel y lloró. Era una manera de empezar la despedida, sin culpas, sin rencor, viendo por el bien y la libertad del ser amado. Parece que Jesucristo tenía algo de la sabiduría maya: "ama a tu prójimo como a ti mismo".

Después de aclarar lo que había que explicar y de escuchar con empatía los planes del otro, acordaron que venderían la casa y dividirían el fruto de la venta, ella viajaría con su hermano a la India y Fidel estudiaría psiquiatría, una especialidad larga de cuatro a cinco años. El ejemplo de Sigmund Freud y del padre Mardonio eran más que palabras, vidas reales que podría imitar: morir trabajando y sirviendo a sus enfermos.

Estarían en comunicación a pesar de la distancia, ya no habría entre ellos palabras frías, rencorosas y ambiguas, y mucho menos las aclaraciones inútiles de cuando una relación termina. Ahora había nacido ese amor que, cuando es sincero y profundo, perdona y solo recuerda los buenos momentos.

Mientras la venta se lograba, cada uno hacia sus movimientos para alcanzar sus metas; aun así, se veían todos los días y, de vez en cuando, terminaban en la cama como antaño, empiernados y suspirando. Qué manera tan rara de separarse, con amor. Aunque no lo crean, así era.

Con miedo y asombro sincero cada uno veía, con absoluta claridad, el gran tesoro que perdería. Fidel recordó un hecho del pasado, cuando estuvo en una disyuntiva parecida: al terminar pediatría quiso seguir estudiando cirugía de niños, pero su exmujer lo sentenció a elegir, ¿matrimonio o especialidad? Su decisión había sido egoísta, personal y sin tomar en cuenta los sueños de la compañera. Ella lo cuestionó: "Ya te aguanté la carrera y la especialidad. Ya eres pediatra, ahora ponte a trabajar. No me casé con un estudiante eterno". Para Fidel fue difícil: ¿ser padre y esposo con una carrera médica incompleta o ser feliz como cirujano y perder a su familia? La amargura e insatisfacción de su vida se trocaban en energía fecunda al realizar su sueño profesional, así que decidió seguir estudiando. La verdad, a la larga, no perdió a la familia. Su mujer acabó por ceder y ayudar, pero sus decisiones lo hicieron un cirujano feliz y un padre ausente con la familia rota. Qué difícil es saber cuál es el mejor camino.

Ahora era muy diferente, era una resolución conjunta, con amor y sin rencor, los dos buscaban lo mismo: la felicidad y la estabilidad emocional. No había hijos a quienes lastimar, aquellos pequeños vulnerables por las determinaciones egoístas de su padre narcisista.

Aun así, sentía que le hacía falta algo que le reforzara la idea de su plan, un salvoconducto con autoridad moral, el visto bueno de alguien considerado más vivido, el consejo o la opinión de alguien importante en su vida, como la de su querido maestro el doctor Peña, el cirujano profesor emérito de muchas generaciones y quien, con el ejemplo, se había ganado ese título con sus alumnos, todos lo consideraban su mentor.

El doctor Peña llevaba tres años jubilado. Era impresionante cómo siguió atendiendo y operando niños y enseñando a los jóvenes cirujanos aun después de cumplir los ochenta, tal como Freud, aunque su retiro como cirujano fue voluntario, nadie lo obligó. Por el contrario, le pedían unos años más porque era insustituible, pero su sensatez, honradez y humildad lo obligaron a dejar la cirugía antes de morir trabajando, el sueño de todo médico. Jamás se hubiera permitido hacer daño a un pequeño enfermo por la pérdida de sus reflejos o por su lentitud en las decisiones inmediatas durante el acto quirúrgico. El maestro si planeó su retiro con responsabilidad, lo que Fidel no hizo. De nuevo era un ejemplo para sus alumnos.

Así pues, Fidel lo consultó. Era una plática muy fuerte que requería tiempo para un personaje tan solicitado que, pese a su retiro, no dejó de tener actividades, ahora con nuevas obligaciones, conferencias médicas y culturales, cursos en todo el mundo y, sobre todo, tiempo familiar que tenía que reponer a su esposa, hermanos, hijos y nietos.

Fidel no podía tardar mucho tiempo en su llamada, trató de resumir lo más claramente posible su pensar y hacerle sus preguntas. Para un médico con tanta experiencia como el doctor Peña, sería ofensiva tanta explicación cuando el tema era más que conocido para él. Sus alumnos le seguían hablando para consultarle no solo dudas diagnósticas y de tratamiento de sus enfermos, también le pedían consejos de vida y aceptaban regaños de hermano mayor cuando sus vidas se perdían en deseos mundanos. El doctor Peña, no obstante, lo escuchó con paciencia y respeto, una más de las características por las que se había ganado la admiración y el cariño de sus estudiantes.

Al final le respondió, como solo él sabía, con la verdad. Siempre iniciaba su respuesta igual, firme y seria: "Sabes que conmigo la sinceridad es la regla. Jamás seré hipócrita; te diré lo que pienso. Nunca te daré palmadas en la espalda para estar falsamente de acuerdo con tu idea. Pues bien, ya eres cirujano pediatra con reputación, conocimientos y trabajo en edad madura. Empezar otra carrera no lo intentaría. Por la amistad que nos une te preguntaré: ¿quieres ser psiquiatra o quieres autoanalizarte? De todas maneras, la elección es tuya y la respetaré. No te olvides de asegurar tus ingresos para vivir sin preocupaciones. Tenemos mucho que conversar sobre el significado de nuestras vidas, debes sentirte orgulloso de la gran labor que realizas como cirujano pediatra en Yucatán. Como tu profesor, opino que ya cumpliste con tu misión".

Las palabras del maestro tuvieron en el nuevo Fidel el mismo efecto que en cualquier adolescente: ¡lo estimulaba lo prohibido! Romina lo había contagiado, le había chupado esa juventud como Drácula con sus colmillos al cuello. Decirle con sinceridad que no estaba de acuerdo con su idea tuvo el resultado contrario, le hizo crecer en su necedad, pero no como alguien que, por ignorancia, actúa de manera desacertada. En eso era el mejor: trataba de ganar aunque su plan fuera irrealizable o con muchas posibilidades de perder. Esa actitud le permitió casarse con Victoria, una mujer inalcanzable en aquel entonces; era la misma necedad que lo obligó a terminar medicina, pediatría y, después, contra viento y marea, cirugía pediátrica. Ahora tenía nuevamente esa necesidad de demostrar que tenía razón costara lo que costara, siempre luchando limpio, sin trampas y sin influyentismos, sin mentirse. Ese era su orgullo y algo por lo que sus hijos lo admiraban, aun cuando fue un padre ausente.

Su maestro, al dar su consejo, no tomó en cuenta los achaques de Fidel, sobre todo respecto a su visión, para ejercer la cirugía sin preocupaciones extras al estresante trabajo en quirófano, ya que él era mucho mayor y tenía esos genes envidiables que le ahorraron las dolencias, aunque hay que reconocer que, en parte, también se lo debía a su estilo de vida, verdadera razón del retraso de los síntomas: nadaba todos los días, corría maratones cada año, llevaba una vida muy disciplinada, algo en lo que Fidel jamás trabajó. Era deportista de fin de semana, y aunque desde su relación con Romina se hizo un poco más responsable en cuanto al ejercicio físico, los resultados de la mimetización paterna con don Arnulfo, además de los genes, influían en estas diferencias de salud.

La frase que Peña le obsequió al final de su plática lo obsesionó: ¿quieres estudiar psiquiatría o autoanalizarte? La respuesta era obvia: ¡ambas! Claro que quería curar a sus enfermos con padecimientos mentales, ¿y por qué no curarse él también?

Muchos años como médico le hacían ver lo más conveniente para la mente y el cuerpo, para hacer crecer espíritu y alma, algo en lo que siempre trabajó: tener más conocimientos, era un vicio difícil de abandonar. Sabía que conociendo mejor el inconsciente ayudaría a sus enfermos a mejorar su conducta y su vida real. Los orientaría para encontrar emociones saludables acordes con su naturaleza física y psicológica. Lograría hacerlos sentir queridos y, de este modo, querer a los demás. No permitiría que ningún paciente a su cargo resolviera su dolor con el suicidio. Sabía que en las neurociencias había mucho que aportar, que ese pequeño contacto accidental con la marihuana y el LSD era algo que habría que investigar con mucha responsabilidad, como Freud lo intentó con la cocaína. La psicofarmacología aún estaba en pañales y él se sentía con la fuerza suficiente para contribuir. Así, con el ejemplo de maestros como los doctores Plácido Rubalcaba, Freud y Ramón y Cajal, con su plasticidad cerebral lo podría lograr.

Se sabía obsesivo y eso era una ventaja para triunfar, pero por sus recientes padecimientos había una traba que descubriría más adelante: resultó ser un hipocondríaco oculto, solo le hacía falta pensar en esto para que se manifestara.

Tendría una lucha sin cuartel en este nuevo plan, una balanza muy difícil de equilibrar a su edad entre el cortisol, la oxitocina y la dopamina para que su nueva meta no afectara su salud.

El maestro Peña, aunque no lo apoyó, con su consejo lo ubicó en lo ambicioso y difícil de su idea. Ahora necesitaba el consejo de alguien joven e impulsivo. La contraparte de su maestro, alguien necio como él: su querida hija Catalina, con quien renacía una nueva etapa de perdón y complicidad, y que desde adolescente había sido rebelde e impulsiva y jamás cedió a cuestionamientos ni prohibiciones paternas.

Fidel mencionaba con sorna que, con su experiencia como padre de ella en la adolescencia, el resultado era haber envejecido, y aun cuando presumía su cabello con sienes blancas y su cara surcada de arrugas —lo que le hacía parecer más viejo—, con cremas y limpiezas faciales logró aminorarlas cuando se enamoró de Romina para no verse así de arrugado. Romina, más bien, había logrado arreglarle las arrugas internas.

A pesar de la inquietud de Catalina y de siempre comportarse como adolescente irresponsable, rayando en el peligro y la necedad —que, por cierto, heredó de su padre—, su hija logró a la larga ser una excelente científica, una física con maestría y doctorado en física de partículas y cosmología, que regresó a México por amor a su país, a pesar de haber sido solicitada en universidades prestigiosas de Europa y Estados Unidos por sus investigaciones sobre el *principio holográfico.*

Tal vez pasar tanto tiempo estudiando cómo reconciliar lo irreconciliable —la teoría cuántica con la gravedad— terminó por influir en algo más profundo. Como si al buscar unir esas dos dimensiones del universo, hubiera aprendido a tender el puente que necesitaba para reconciliarse con su padre.

Como sabemos, el tiempo es impredecible, y así como alguna vez su hijo mayor le enseñó cómo conquistar a Romina y a saber cómo lograr un beso sin ser un macho acosador, ahora era su hija la que, como brillante científica, echando mano a su bien ganada autoridad, lo asesoraba, era a ella a quien necesitaba en este momento de su vida. Sin dudarlo le espetó: "¡Hazlo, papá!, no pierdas tiempo. Estoy muy orgullosa de ti, tú me enseñaste que los sueños se logran trabajando. Ven a visitarme a la Ciudad de México y te acompañaré al hospital psiquiátrico Fray Bernardino Álvarez. Ahí tengo una gran amiga psiquiatra que estudió conmigo en Barcelona, con su ayuda podrás empezar los trámites lo más pronto posible. Si quieres, podemos ser compañeros de departamento; mientras esté soltera, te puedes quedar aquí".

Con una emoción difícil de describir, Fidel y Catalina visitaron uno de los hospitales psiquiátricos más prestigiosos y que, sarcásticamente, llevaba el nombre de un fraile español, uno de los supuestos "invasores" en los inicios de la colonia, pero que se había ganado el respeto y el cariño de los indígenas aztecas. El religioso, contrario a los ambiciosos conquistadores, había venido a sembrar amor y salud entre los enfermos mentales por los que ahora Fidel quería trabajar. Esto lo hizo sentir orgullo y empatía al recordar al padre Mardonio, de antepasados españoles, y no dejó de imaginar que, aunque fraile, tal vez sería su tataratatarabuelo, y de ahí vendría su vocación por curar a los enfermos mentales.

Sin perder tiempo, aceleró su plan. Necesitaba información para concursar y preguntar si había algún impedimento por su edad. El jefe de Enseñanza, muy amable, le dijo que no lo había, que recibiría el mismo trato y concursaría en igualdad de circunstancias que los médicos jóvenes. El único requisito era tener su carta actualizada de aprobación del examen nacional de residencias médicas. "Por cierto —comentó—, las inscripciones están a quince días de cerrar, ¡apúrese!".

Fidel y Catalina sonrieron. Él se sabía con experiencia por sus años de trabajo como médico y, sobre todo, con el deseo y la ansiedad de estudiar para el famoso examen.

Por la tarde, en el departamento de su hija, ella le ayudó a inscribirse por internet y no fue posible llenar el formato con su nombre y cédula profesional, pues el portal lo rechazaba por tener ya otras cédulas de especialidad. Al revisar los requisitos, se mencionaba como parte de los obstáculos: "No se podrá inscribir en caso de haber concluido alguna especialización de entrada directa o indirecta".

Fidel sabía de la gran deficiencia de psiquiatras en el país, por lo que pensó ilusamente que lo podría arreglar. Masculló un plan: los haría sentir mal por discriminar a un hombre mayor, pero no funcionó. Acudió directamente a las oficinas en la Secretaría de Salud encargadas del examen nacional de residencias médicas. Una vez que les explicó las razones, la respuesta fue agresiva y sin esperanza ante su necedad de ser inscrito: "Usted puede tener más de noventa años e inscribirse sin problema alguno, siempre y cuando sea médico general sin especialidad. Usted ya tiene una especialidad y, siendo honestos, dos. Lo veo como egoísmo de su parte; usted ya tuvo su oportunidad, siga ayudando a sus enfermos con la especialidad que escogió. No es posible acceder a su solicitud, las reglas son muy claras. Lamento no poder ayudarlo. Entienda que nadie lo está discriminando por su edad".

Fidel salió enojado, mas no derrotado. Algo tenía que hacer. Su obsesión y necedad eran incurables. Además, para forzarse a cumplir, le había contado a todo el mundo su plan, así se comprometía y empeñaba su idea, como quien empeña su palabra, algo que no cambió de don Arnulfo; eso estaba en sus genes.

Llegó al departamento de Catalina que, muy quitada de la pena, compartía con algunas amigas unas copas mientras fumaban marihuana. Como adulta independiente, no necesitaba ocultarse de su padre, así que le ofreció a Fidel un toque para ponerlo a prueba. Pensó hacerlo enojar y no por rebeldía inconsciente; por el contrario, lo hizo deliberadamente, y como era su casa… Imaginen la respuesta que se hubiera ganado de haberse atrevido a opinar como antaño sobre la marihuana, pero el nuevo Fidel ya había aprendido y la sorprendió: "Gracias, hija. Sí, dame un toque, me caerá bien. Espero que me tranquilice y calme mi enojo".

Catalina quedó gratamente sorprendida. Ya no era el padre agotado de trabajar todo el día que regresaba tarde a casa para convivir con sus hijos y brindarles así su enojo acumulado. Ese había sido un anhelo de sus hijos durante mucho tiempo y lo veían como una utopía. Ahora Catalina, después de saber las razones de su cambio, deseaba conocer a su expareja, a Romina, de la que ya estaba enterada. La veía como una amiga que había mejorado a su padre. Había cambiado, ahora era como lo había querido desde niña, empático, comprensivo, tolerante y respetuoso, un padre al que, como niña, gritaba llorando de enojo cada vez que discutían: "¡Quiero un papá mejorado!".

Convivir con Catalina y fumar marihuana esa tarde después del tropiezo sufrido, de las negativas de hacía unas horas, le ayudó a reencontrarse con su vocación de psiquiatra, olvidada desde su juventud. El rechazo no había causado un daño mayor, sus ideas y sus planes persistían igual de claros, sólidos e invulnerables como siempre. Y aunque sumido en sus pensamientos, su gravedad se reflejaba en su rostro y en cada gesto. Catalina lo notaba y, sin proponérselo, lo tranquilizó. A pesar de la marihuana en ella, no había quejas del pasado, ni temor ante el futuro, solo el miedo y la carga del presente que juntos podrían resolver.

Catalina lo llevó al día siguiente con su amiga, la psiquiatra de Barcelona, Grisabella. Ella lo serenó. Le molestó enterarse de la respuesta de los responsables de salud en México. No entendía por qué, si conocían la escasez de especialistas en la materia; era obvio que a ningún joven le quitaría su lugar. ¿Por qué hacen estas reglas tan absurdas? Por un lado, le niegan seguir preparándose y, por otro, solicitaron a los médicos jubilados que ayudaran unos años más durante la pandemia recién vivida de covid-19. Fidel se había inscrito en el programa de médicos de 60 a 65 para auxiliar durante la reciente catástrofe sanitaria. ¿Qué les pasa? ¿Quién los entiende? Y en tono un tanto presuntuoso, comparando la actitud de su país con la de las autoridades mexicanas, afirmó: "Allá no importa si ya se tiene una especialidad, ¿por qué no hace su solicitud para concursar en España?".

Ella lo orientó con su experiencia recién vivida. Había hecho su solicitud seis años antes para concursar y logró ser aceptada. No le dijo que fue después de dos intentos fallidos de presentar el famoso examen MIR, de médicos internos y residentes, como al tercero ganó su lugar. Así terminó su especialidad, y ahora, al casarse con un compañero médico mexicano, muy amigo de Catalina, trabajaban los dos en el hospital en México, de ahí la amistad con su hija.

Grisabella le imprimió la convocatoria de internet y dio inicio a su asesoría: "Lo primero es homologar su título de médico en España, doctor Fidel. Para eso hay que apostillarlos con el sello de La Haya en la Secretaría de Gobernación para autentificarlos". Así lo hizo. Se enteraron de que el trámite tardaría máximo seis meses. Estaban a tiempo, ya que la inscripción para el examen sería en siete meses.

Luego le contó la verdad, que ella no lo había logrado al primer intento, aunque su esposo sí. Se conocieron en un curso para preparar el examen; ella no lo pasó, y él le ofreció auxiliarla. Ahí había nacido su romance.

—Lo más difícil es pasar el examen de admisión, el famoso MIR. Tiene el tiempo contado, es mucha información y usted trabaja, ¿a qué hora estudiará?

Fidel se sentía confiado, siempre había salido airoso en sus exámenes, aunque no eran iguales. Antaño las pruebas eran de respuesta oral con una mesa de sinodales, o de temas a desarrollar en hoja en blanco; de opción múltiple, muy pocos.

—¿Qué edad tiene, Fidel?

—Sesenta y tres años.

—Esta será su única oportunidad, ya que hay una última cláusula en la convocatoria: "No exceder la edad de jubilación forzosa", que en España es de 65 años. Usted tendrá 64 para el día del examen. En caso de pasarlo, al momento de solicitar un puesto en algún hospital usted tendrá 65, y tal vez le pongan obstáculos. Si está de acuerdo aun sabiendo que existen estos inconvenientes, lo ayudaré.

—Claro, ¡por mí no quedará! Ya empeñé más que mi palabra en esto.

—Entonces, para tener más posibilidades, le daré un consejo muy personal. Conociendo cómo piensan los responsables de este examen en mi país, no bastará pasarlo, deberá sacar una excelente calificación para que, en caso de tener trabas, podamos pedir una audiencia con ese as bajo la manga, lo que le permitirá ganar su discusión con las autoridades españolas de salud y lograr su sueño. Nuestro querido y admirado doctor Ramón y Cajal se jubiló a los setenta y un años para dedicarse a otras actividades: fotógrafo, escritor, etc. Al mencionarles esto, se sentirán convencidos. No creo que sean tan necios como en México.

Aunque este último comentario no le agradó a Fidel, al final terminaron riendo.

Lo que Fidel no sabía era que la doctora Grisabella estaba comprometida en una investigación interesadamente oculta, y tampoco le llamó la atención que no mencionara a su querida amiga Catalina. Para la española, Fidel venía a jugar el papel de su conejillo de Indias. Ella participaba en un estudio multicéntrico de la Universidad de Washington que pretendía demostrar que el cerebro de una persona mayor es mucho más práctico, ya que la interacción de los hemisferios cerebrales derecho e izquierdo se vuelve más armoniosa, lo que aumenta su creatividad, por lo que es una edad ideal para iniciar otras actividades.

Sus detractores argumentaban que, con la edad, ya no se es tan rápido como en la juventud, pero ella y sus colegas estaban por demostrar que esto se compensaba con una mayor flexibilidad que anulaba las emociones negativas juveniles y llevaba a tomar mejores decisiones. El objetivo era evidenciar la edad de pico intelectual en el humano y estaban a punto de sustentarla. ¿Cuándo empieza a funcionar el cerebro con toda su fuerza? Su teoría se basaba en probar que la cantidad de mielina aumentaba con la edad. Sus conclusiones, que ahora necesitaban demostrar experimentalmente, manifestaban que si una persona había llevado un estilo de vida saludable, con actividad física y mental, las habilidades no disminuían con la edad, simplemente crecían y alcanzaban su pico a los noventa años. De ahí su interés en el doctor Fidel, candidato ideal, pues tenía un deseo real de aprender.

Fidel no perdió el ánimo, por el contrario, se sabía ganador. La doctora Grisabella le compartió libros y consejos con los que ella había logrado aprobar. Algunas de las materias médicas más evaluadas, por el tiempo que había pasado desde que se recibió de médico general (casi cuarenta años), eran para él totalmente diferentes, nuevas o desconocidas.

Grisabella sacó de internet el examen publicado más reciente y sus respuestas y le dijo a Fidel:

—Le tengo una sorpresa. Mañana lo invito a desayunar, ahí le mostraré a lo que se enfrentará. Duerma bien, por favor —le recomendó y se despidieron.

Así empezaba ella su estudio de laboratorio y Fidel, su sueño. Él se despertó en la Ciudad de México sin el canto de sus queridos pájaros. El escándalo de los automóviles y de los apresurados vecinos que llevaban a sus pequeños a la escuela llegaban a través de la ventana del departamento de Catalina y funcionaba mejor que cualquier alarma.

Grisabella tenía esa mañana libre y había preparado algo ligero, con un café de Córdoba, Veracruz, mucho mejor que el chiapaneco al que estaba acostumbrado Fidel. Él ni se fijó en eso, solo quería saber cuál era la sorpresa que le anunció su nueva compañera. Al terminar el desayuno, le ordenó:

—Siéntese, doctor. A partir de ahora tiene cuatro horas para resolver este examen. Es el inicio para diagnosticar dónde se encuentra.

Luego de las cuatro horas, Fidel no había terminado las doscientas preguntas que debía contestar; le faltaban 50. Para entonces, Catalina los había alcanzado, y entre las dos amigas calificaron sus respuestas. Fidel estaba asustado, empezaba a sembrarse en él la semilla de la derrota, a perder la esperanza. Su necedad se debilitaba, ya no era el sobrevalorado doctor. En el examen no había ninguna pregunta de su especialidad como pediatra y cirujano de niños, algunas eran de temas en los que ni siquiera entendía lo que le preguntaban, como epidemiología, estadística, genética de tumores, genética de virus, bacterias y hongos.

Al final del ejercicio, Grisabella lo tranquilizó:

—El motivo de este ensayo fue ubicarlo. Lo veía muy confiado; así me pasó a mí. No solo es estudiar, también hay que saber contestar este tipo de exámenes.

Le obsequió un libro en el que se explicaba la manera de hacerlo, muchas veces sin necesidad de saber la respuesta, algo así como trucos para atinarle a la correcta: "*nunca* y *siempre* son falsos", "las opciones 1 y 5 son las menos probables", "el *solo* no es verdadera", "pensamiento inverso", "sentido común", etc. Finalizó su asesoría de esa mañana.

—Cada final de mes le haré un examen. Se lo pasaré por correo y se lo calificaré, por ahora póngase a estudiar. La convocatoria para inscribirse al examen saldrá en siete meses aproximadamente, así sabremos los requisitos. Para entonces, espero que haya recibido la homologación de su título. Usted tendrá que regresar a la Ciudad de México, pues la inscripción para extranjeros es en la Embajada de España. Ya platicaremos, según su experiencia, si aún desea hacerlo. Se vale arrepentirse.

Eso, para Fidel, no era opción.

Empezó buscando tiempo para estudiar. Decidió trabajar los fines de semana únicamente en el hospital público para dedicarse, de lunes a viernes, todo el día, a sus estudios. Pensó, ilusamente, que no daría su consulta privada para tener, por lo menos, doce horas al día para concentrarse.

Por las mañanas, sus charas yucatecas lo despertaban. Después de desayunar iniciaba su tarea hasta completar cuatro horas, pero se dio cuenta de que era imposible desligarse por completo de sus pacientes particulares, así que trabajaría por las tardes, estudiaría por las mañanas y, al terminar sus consultas, de nuevo a estudiar. Los fines de semana estaba entregado al hospital público y esos días no podría avanzar.

Corroboró lo fácil que ahora resultaba estudiar en comparación con aquellos momentos añejos en que se invertía mucho tiempo en la biblioteca para obtener información en el famoso *Index Medicus*, esos grandes libros como biblias que contenían los títulos de las revistas médicas, y que luego de solicitar los datos, pasado un lapso variable, eran enviados por correo. Ahora, con el internet, no había que perder ese tiempo precioso, hay cursos en línea de todas las materias que tenía que aprender y se inscribió y los tomó; con el traductor instantáneo leía capítulos originalmente en inglés, etc. Y se soñó como residente de psiquiatría, con sus nuevos compañeros y maestros más jóvenes que él, aprendiendo sin tanto esfuerzo con estas nuevas herramientas. Sin embargo, a pesar de estas facilidades, el cansancio, la falta de concentración y la memoria perdida empezaron a desesperarlo.

Al llegar el segundo mes, Fidel le puso pretextos a Grisabella para no presentar el segundo examen. No quería quedar mal con la amiga de su hija, y ella se sintió decepcionada porque su experimento fallaba, pero no lo podía forzar.

Fidel no veía los avances que necesitaba y se quedaba dormido estudiando o pasando páginas, y después de leerlas, se deba cuenta de que se perdía en sus pensamientos sin poner atención y reiniciaba de nuevo. Así pues, como médico, decidió, sin consultarlo con Grisabella, autorrecetarse Tradea (metilfenidato) de 10 mg por las mañanas.

El efecto fue impresionante. La facilidad para aprender y recordar le hizo ver que padecía algún grado de déficit de atención. Nunca sospechó este diagnóstico ya de adulto. La pastilla no solo le ayudaba a estudiar, sino también a serenarse, a no desesperar si estaba mucho tiempo sentando repasando temas y a ser más cauteloso, menos temerario.

Romina le habló por teléfono desde la India, estaba feliz con su hermano y le dijo lo mucho que lo extrañaba. Ella se enteró del plan de Fidel de estudiar en España y le prometió que, en caso de ser aceptado, ahí lo seguiría. La afirmación de su amada lo estimuló aún más para estudiar y seguir con entusiasmo. De nuevo ganaba, no perdería a su musa y tampoco su sueño de ser psiquiatra. Olvidó agradecerle sus enseñanzas de mujer joven gracias a las cuales había recuperado a su hija, pero no fue necesario, los dos lo hicieron por amor. No había nada que agradecer. Ahora los dos habían aprendido que, para estar bien con alguien, lo primero es estar bien con uno mismo.

Aceptar sus limitaciones no era parte de su aprendizaje, y el metilfenidato lo desubicó. Ahora se sentía con una energía que solo le pertenecía por tener los conocimientos de médico para anteponerse a su edad, era como una cirugía plástica a sus neuronas.

Al llegar el tercer examen, que en realidad era el segundo, la diferencia fue sorprendente respecto al primero. Grisabella estaba feliz, su teoría parecía corroborarse. Había, sin embargo, un elemento que ignoraba: el metilfenidato. Era como un entrenador olímpico feliz por las marcas logradas por su atleta sin estar enterada del dopaje de su pupilo, del estímulo extra por la droga. Aunque realmente no era así, ya que no era una droga prohibida y el efecto real se debió a su mejoría en el déficit de atención, padecimiento del que no había sido diagnosticado. Esto no alteraría sus conclusiones, aunque un fiscal que opinase lo contrario lo podría utilizar como un error para destruir la investigación.

El metilfenidato no solo lo ayudaba a estudiar. Sus guardias hospitalarias las hacía con más energía a pesar de los eventos en el ojo izquierdo, y los achaques de su edad no lo agotaban como antes, aguantaba cirugías largas y complejas. Los médicos del hospital lo notaron y se secreteaban con burla: "Ya sin Romina está como un semental en espera de su vaca en celo, muy sobrado".

Pero no todo era miel sobre hojuelas; algún defecto tenía que salir. Como pediatra y cirujano pediatra estudiaba y atendía enfermedades que jamás le causarían ese nuevo síntoma que acababa a descubrir: su hipocondriasis. Era imposible pensarse padeciendo enfermedades propias de la infancia, pero ahora, al estudiar cardiología, gastroenterología, neurología y patologías de adultos, según él ya se había infartado tres veces al estar estudiando. Una noche acudió a hacerse un electrocardiograma, su querida amiga, la doctora Alina, le realizó una prueba de esfuerzo, y cuando lo interrogó, tuvo que reprenderlo no como doctora, sino como amiga: "¡Qué pasó, Fidel! Tú no eres así. Calma tu nueva ansiedad con ejercicio".

Así lo hizo, pero tuvo una idea mejor. Recordó que, como residente de pediatría, había obtenido la nota más alta en su examen de Crecimiento y desarrollo sin haber estudiado debido al trabajo extra que tenía para mejorar los ingresos económicos de la familia. ¿Cómo lo logró? Mientras sus compañeros eran aún solteros, él ya tenía hijos pequeños y le bastaba preguntarse: ¿a qué edad mi hija decía ya 50 palabras?, ¿a qué edad gateó?, ¿a qué edad duplicó su peso al nacer? Y así no falló ninguna. Bueno, pues ahora haría lo mismo, aplicaría sus síntomas y los de sus amigos y familiares, usaría su experiencia de vida como una gran ventaja respecto al grupo de jóvenes médicos con los que concursaría. ¿A qué edad se presenta el hombro congelado? ¿A qué edad el desprendimiento del cuerpo vítreo?, etc. Esta idea se la sugirió y reforzó el libro de su asesora Grisabella sobre consejos prácticos y cómo estudiar con mnemotecnia.

La casa de Yucatán recibió a un probable comprador. Romina lo había conseguido y enviado al ver que Fidel no se movía para venderla; necesitaba dinero.

Él no esperaba esta nueva presión: cambiarse de casa cuando estaba encarrerado en su nueva vida de estudiante, pero, sobre todo, no estaba preparado para despedirse de su amada rutina con las charas yucatecas.

Unilateralmente, decidió suspender la venta y retirar todos los anuncios y letreros para tal fin. No tenía tiempo para eso en este momento. Con la serenidad que el metilfenidato en su sangre le daba, armó un plan. Por una parte, no podía abandonar a su querida Romina, así que decidió ser empático con ella, y para eso se obligaría a tener más fuerza para cumplir su meta, se comprometería totalmente con su sueño. Ya se veía como residente de psiquiatría. Sus sorprendentes resultados en los exámenes de entrenamiento con Grisabella le dieron el valor y, tal como lo hiciese el conquistador Hernán Cortés, quemó sus naves como una acción desesperada para alcanzar su objetivo, pues así no habría posibilidad de dar marcha atrás ni regresar a su vida pasada por miedo a arrepentirse ante la temeraria empresa. En su plan también había algo oculto: pondría a prueba a Romina. Para Fidel, las cosas eran cosas, lo material no estaba entre sus preocupaciones, de ahí lo de quemar sus naves. Habló con Romina y le planteó su propuesta:

—Te pido que me dejes terminar de hablar, y antes de que te enojes, porque sé lo harás, me escuches con atención. Vino tu recomendado a ver la casa para la venta.

—¿Por qué te negaste a venderla?, ¿qué te pasa Fidel?, ¿en qué quedamos? —contestó muy alterada.

—Te pedí que me dejaras terminar. ¿Puedo continuar?, ¿me dejas terminar, por favor?

Al parecer, el viaje a la India no la había serenado. Por el contrario, algo desagradable y desconocido para Fidel la molestaba.

—Primero te aviso que cada mes, o cada que lo requieras, te estaré mandando el dinero que te haga falta. Segundo, te enviaré una carta poder para que dispongas de la casa, y pondré las escrituras con el notario o familiar que me indiques, con la única condición de que me dejes vivir aquí hasta que me cambie de país para estudiar psiquiatría.

Una vez que me marche, la casa estará a tu total disposición. Cuando la vendas, me pagarás el dinero que te haya enviado y lo que me corresponda por la casa. No tienes que firmar nada, te entrego toda mi confianza; es algo que quedará entre tú y yo.

Romina se sintió aliviada. Las cosas le habían salido mejor de lo que había calculado. El secreto que la angustiaba se quedaría como tal y aceptó sin dudar. Para camuflarlo, preguntó como si estuviese interesada:

—¿Y cómo estás tan seguro de que te aceptarán?

—Ya ves como soy, igual de seguro que cuando te propuse que fueras mi novia, ¿lo recuerdas?

—Sí —contestó, pero en este sí ya no había esa chispa de emoción que encendía a Fidel. Ahora, se empezaba a crear entre los dos una nueva historia, una cargada de salud emocional.

Romina y Fidel habían aprendido juntos que no todo es para siempre, aunque no es malo pensar que así será mientras el amor está en el cenit de sus vidas. Sin agobiarse, con amor recordarían lo hermoso que fue mientras duró. Entendieron que, debido a las expectativas con las que llegaron a soñar juntos, se habían enriquecido el uno al otro. No había nada que perdonar, los dos eran más fuertes que antes de su relación, ambos agradecidos por los recuerdos coleccionados que los ayudarían en momentos de debilidad.

Fidel, ya con más conocimientos sobre la mente y con su experiencia, empezaba a confirmar su desacuerdo con otros médicos titulados como psiquiatras. Comparaba su pensar con esta relación que terminaba. Fidel y Romina habían sido el uno para el otro como un medicamento para mejorar su alma, concepto erróneo de muchos galenos cuando se refieren a enfermos con patología psiquiátrica que requieren una droga para aliviar su psique. En ocasiones, los medicamentos se necesitan de por vida, como la insulina para un diabético, la tiroxina para un hipotiroideo, las inhalaciones broncodilatadoras para un asmático o los antiinflamatorios para un padecimiento inmunológico. De la misma manera que un paciente depresivo con los antidepresivos, o como él con el metilfenidato. Otras veces los medicamentos son temporales, como la relación que terminaba con Romina. Estos conceptos, desgraciadamente, a veces no son comprendidos por los propios psiquiatras, y clasifican a sus pacientes como drogodependientes en sentido peyorativo, con opiniones que evidencian poco discernimiento de la psicofarmacología. Fidel quería terminar con eso. Había aprendido de su maestro Plácido Rubalcaba que estaba prohibido decir "échale ganas" a un enfermo, como llegó a oír en muchas pláticas con psiquiatras o psicólogos que tenían esta visión. Así pues, no sintió vergüenza ni culpa, pues no hacía trampa al tomar el metilfenidato. Es más, subió su dosis a 20 mg al día con una pastilla de liberación prolongada.

Fidel tenía la memoria llena de información y le cabía más. Sus sinapsis se habían multiplicado, esto era un regalo de sus dioses. Kukulkán le permitió crecer en sabiduría, estaba escrito desde hace años en el *Popol Vuh*. Era algo oculto en su mitología, las charas yucatecas lo habían recomendado para que le fuera concedida la fuerza a través del metilfenidato.

Faltaban unos días para que saliera la convocatoria actualizada para inscribirse al examen. Fidel sentía instintivamente que en esta no habría el filtro absurdo por la edad; estaba optimista.

Catalina y Grisabella tomaron vacaciones juntas y fueron a verlo. Su amiga catalana deseaba desde hacía tiempo conocer esa hermosa ciudad, pero sobre todo las hermosas y majestuosas pirámides mayas de Chichen Itzá y Uxmal, la catedral de Mérida con su plaza y los bailables que organizan en torno, pero lo que más le gustó fue el pueblo de Izamal, que le recordó —al igual que a Fidel— su hermoso pueblo de Girona, de donde eran sus abuelos.

Luego de unos días en la casa de Fidel, quedaron encantadas con la manera de despertar del doctor con el canto de las charas yucatecas. Fue un reencuentro con su hija; ella recordó con nostalgia su época feliz de niña. Cuando Fidel le confesó su lejanía con Romina, impulsivamente abrazó a su papá, como hacía mucho no lo hacía. Fidel le respondió con el abrazo cósmico. Catalina sintió en ese momento una conexión con su padre que jamás había experimentado.

Esa noche terminaron los tres sentados en las piedras del jardín viendo la luna y las estrellas y fumando marihuana, lo que más empatía les obsequió y lograron conectarse sin hablar.

Pasados unos días, después del desayuno, Grisabella le indicó a Fidel que se preparara para una prueba más, con las mismas reglas a las que se enfrentaría en la realidad. Los exámenes no eran clandestinos, estaban publicados en las páginas del Ministerio de Sanidad de España. Y así se las leyó reloj en mano:

—El cuestionario se compone de 200 preguntas más 10 de reserva. Tenga en cuenta que hay 25 preguntas que están ligadas a una imagen... Recuerde que el tiempo de realización de este ejercicio es de cuatro horas y treinta minutos improrrogables.

Al terminar de leerle las instrucciones, le dijo, como a un corredor de atletismo a punto de empezar una prueba de velocidad: "¡Empiece!", que sonó como un disparo. Lo emprendió sin prisa, como quien está entrenado para correr un maratón. Se sentía tranquilo, contestaba sin dudar, y cuando no sabía la respuesta, usaba las técnicas aprendidas para aumentar sus aciertos con más probabilidades. A veces, sus más de 30 años de experiencia ejerciendo la medicina y la clínica francesa aprendida con sus pacientes le hacían, por sentido común, acertar, pero también contribuían su concentración y atención ganada con el metilfenidato. Así terminó antes, a las tres horas y cuarenta minutos de haber empezado.

Grisabella tomó su examen y, junto con Catalina, corroboraron las respuestas. La psiquiatra estaba muy contenta, más que por la calificación de Fidel, por las observaciones obtenidas para su experimento con su rata de laboratorio.

Las amigas regresaron a la Ciudad de México. Al despedirse en el aeropuerto, el abrazo con Catalina fue diferente, no de despedida, sino de "nos vemos en unas semanas", algo que lo emocionó. Grisabella, al alejarse hacia los filtros del aeropuerto, le gritó: "Sigue estudiando, Fidel, ¡con la misma energía! ¡No bajes la guardia! Estaré pendiente de la nueva convocatoria para el examen".

Fidel continuó con su vida y su rutina. Empezaba a sentir a Romina como una hija a la que le mandaba su mensualidad, o una casera a la que le pagaba la renta por la casa que el aún disfrutaba. No había esa angustia que da la añoranza del amor perdido.

Seguía estudiando y las materias de enfermedades en adultos ya no le causaban aquella hipocondría del principio, había recuperado su serenidad de médico de adultos enfermos sin mimetizarse con los síntomas leídos. Algo nuevo lo llenaba: su hija le hablaba de vez en cuando para platicar como amigos, lo que nunca había sucedido.

Fidel dormía esa mañana. Las charas aún no le anunciaban que era hora de levantarse, pero una angustia no lo dejaba en paz, ¿serían los efectos colaterales del metilfenidato? ¿La abstinencia sexual por la pérdida de Romina como amante? ¿Algún augurio desconocido?

Se levantó más temprano y salió al jardín. La luz de la luna aún iluminaba y esparció el pan en el patio más temprano de lo acostumbrado. Decidió esperar y sorprender a las aves recordando cómo se dio su amistad. Suspiraba y sonreía. Las charas acudían a la casa y gritaban pidiendo su comida, como si antes de él alguien las hubiera entrenado. Y sí. Había un antecedente que Fidel ignoraba.

El vigilante del terreno, antes de que se construyera la casa, tenía unos perros guardianes a los que les ponía, en una olla honda y vieja, sus croquetas. Los perros criollos hicieron amistad con los pájaros y compartían el alimento.

Cuando abandonó el lugar para irse a trabajar a otra parte, se llevó sus perros. Fidel no entendía lo que las charas yucatecas pedían con su alboroto, solo que buscaban algo en aquella olla oxidada y hendida por los mordiscos de los canes al jugar cuando estaba vacía.

Fidel admiraba los colores de las plumas de las aves y su necedad de acudir todas las mañanas. Como buen médico, investigó las costumbres de estos pájaros, cuyo nombre científico es *Cyanocroax yucatenicus*, y supo que son semejantes a los cuervos. Empezó por ofrecerles maíz en forma de tortillas, pero una vez que les dio pan, el trigo fue su alimento preferido; algo de sangre europea tenían, la mezcla se dio también en ellas. Mesopotamia, Roma, Europa, España y México. En ese momento entendió y superó —si es que le quedaba algún rastro— el sentimiento de culpa por ser mestizo. Ahora, como sus charas, era un ciudadano del mundo. Emigrar a España lo vio con orgullo, su ascendencia paterna lo enorgulleció al igual que su sangre maya materna. Las charas llegaron súbitamente y felices se comieron el pan.

Por la tarde, Grisabella le escribió: "Fidel, ya salió la convocatoria. Te mando la liga, ábrela y coméntame lo que piensas".

La página del Ministerio de Sanidad del gobierno de España, en el *Boletín Oficial del Estado* decía:

> "Estar en posesión del título universitario homologado..." [el que estaba por recibir].

"No exceder de la edad de jubilación forzosa legalmente establecida o, en caso de no alcanzarla, que no se llegue a ella antes de la finalización del período de residencia mínimo para cada titulación"

...

"Llenar el formato de inscripción y pagar la cuota para tal, entregar todo y esperar".

Habló con Grisabella y ella lo tranquilizó.

—Hablé con mis contactos. Me dicen que el portal debe aceptar su solicitud, ya que la fecha de nacimiento no excede los 65 años y, además, ¿se acuerda de que le había aconsejado sacar una excelente calificación? Escuche este inciso: "Si en el transcurso del proceso selectivo regulado en esta orden, se tuviera conocimiento de que alguna de las personas aspirantes no posee alguno de los requisitos exigidos en la convocatoria, la persona titular de la Dirección General de Ordenación Profesional podrá dictar resolución de exclusión de dicho proceso selectivo, previa audiencia al interesado". ¿Qué le parece, Fidel? Como le dije, "previa audiencia al interesado", de ahí la importancia de obtener una excelente calificación, no solo aprobar. ¿Cómo lo ve?

Ambos sabían que, por su edad, era su única oportunidad. Ambos estaban seguros de ganar. Tanto el entrenador como el concursante se habían demostrado de lo que eran capaces y, así, se sintió feliz. Solo habría que corroborar que el portal le dejara inscribirse. Tenía miedo de fallar como en su intento de concursar en México, además de hacerlo sentir culpable por tener una especialidad, y un delincuente por ser mayor de 63 años y querer estudiar psiquiatría. No quería ser sorprendido.

Fidel empezó a llenar en línea su formato de inscripción. En la fecha de nacimiento tardó en escribir, tenía miedo de la respuesta, sin embargo, aceptó 1960 sin problema. No podía creerlo, estaba feliz. Una vez llenado el formulario y cargados los documentos, tenía que entregarlos directamente en la Embajada de España en la Ciudad de México.

Habló de inmediato con Catalina y Grisabella, ambas se alegraron. No habló con Romina ni con su maestro Peña, no era el momento. Tenía que compartirlo solo con quienes trabajaban con él en su sueño.

Compró su boleto de avión, llegó por la noche. En casa de Catalina, ella, Grisabella y su esposo le habían preparado una fiesta sorpresa, solo los cuatro. Bailaron y luego Grisabella les cantó en catalán y en español, mientras su esposo tocaba la guitarra. Una canción desconocida para Fidel, triste y melancólica, de la guerra civil, que lo hizo empatizar con España y le erizó la piel:

Madre, anoche en las trincheras, entre el fuego y la metralla,

vi al enemigo correr. La noche estaba cerrada.

Apunté con mi fusil al tiempo que disparaba.

Una luz iluminó el rostro que yo mataba.

Era mi amigo José, compañero de la escuela

con quien tanto yo jugué a soldados y trincheras.

Ahora el juego era verdad, a mi amigo ya lo entierran.

Madre, yo quiero morir, ya estoy harto de esta guerra.

Si te vuelvo a escribir, tal vez lo haga desde el cielo

donde encontraré a José y jugaremos de nuevo…♪

La convivencia con Grisabella le hizo sentir con orgullo su historia española desconocida. En Viena ya había pedido perdón como en un ejercicio de constelaciones a su sangre maya; ahora conocería y sentiría orgullo y agradecimiento a la otra raíz por haberle permitido ser psiquiatra, aunque aún no había ganado su lugar ya lo daba por hecho. Tan seguro se sentía. Y Grisabella también lo compartía. Independientemente de su estudio, del que se sentía feliz con la calificación de Fidel, una vez que triunfaran pensaba pedirle permiso a su pupilo y ponerlo de ejemplo para su teoría.

Por la mañana, Fidel y Catalina acudieron a la Embajada. Le sorprendió gratamente que su hija pidiera acompañarlo. En el autobús y en el metro hasta la estación Polanco no se dijeron nada, no hacía falta. Los dos disfrutaban su compañía. Llegaron mucho más temprano y aún no abrían. Se sorprendieron al ver una fila de jóvenes de entre 23 y 28 años con sus papeles. Fidel se sintió algo incómodo, pero, unos cinco lugares adelante, vio a una hermosa mujer, como de 50 años, que le sonrió. Catalina lo pellizcó bromeando: "¡Cálmate, papá, no seas coqueto!". Fidel guardó silencio, aunque por dentro la broma le alegró la mañana. Era algo que de niña siempre le hacía; según Fidel, jugaban. Con el tiempo se enteró de que si para él era una broma, para Catalina niña era estresante, sus pellizcos eran de molestia verdadera. Odiaba a su papá coqueto y, al llegar a casa, lo acusaba con Victoria de manera obsesiva. Ahora Catalina lo había superado y eso se demostró con su broma. Le dio un beso en la mejilla a su padre para que la señora viera que no estaba solo.

Mientras esperaban que la Embajada abriera, seguían llegando candidatos. Nunca pensó que tantos jóvenes mexicanos quisieran estudiar en España. Ellos sí podían concursar en su país; algunos concursaban doble, en México y en España al mismo tiempo. Fidel en la fila recordó con nostalgia su juventud, cuando concursó para estudiar medicina. "¡Qué tiempos aquellos!", pensó. Sus compañeros en la fila se lo hacían ver como una repetición del pasado, como una verdadera segunda oportunidad.

Al abrir la sede, los policías autorizaban la entrada en grupos de quince y solo para los interesados, así que Catalina lo esperó afuera. La señora, la única de su edad, quedó en su grupo. Mientras esperaba su turno, escuchaba con simpatía los planes de las y los aspirantes, eran la repetición de lo que recordaba de sus años mozos, de su juventud estudiantil. Eso lo estimuló más. La convivencia en esta nueva residencia médica con compañeros y maestros más jóvenes que él era una vitamina para reinventarse.

Cuando pasó la señora, se sorprendió. Ella venía a traer los papeles de su hijo que hacía su servicio social y le insistía al funcionario que se negaba a recibirlos por no traer la carta poder adecuada.

—Entienda, señora, el que debe traer los papeles es su hijo. No está permitido que otra persona los entregue a menos que haya un motivo de salud, y para eso necesita un justificante notariado. Hoy es el primer día de entrega e inscripción al examen, tiene 15 días más.

La señora salió muy molesta y gritó:

—¿Por qué no escriben sus reglas completas en la convocatoria? ¡Toda la mañana haciendo cola!

Pasaron cuatro candidatos más y luego Fidel. El funcionario le dijo más tranquilo, pero aún molesto:

—Disculpe, señor. Escuchó lo que se le dijo a la señora que pasó antes, los papeles de su hijo los debe traer él.

—Sí, pobre señora, creo que llegó más de una hora antes de que abrieran.

—Bueno, espero que usted no se moleste y que le pida a su hijo que venga él a entregar sus documentos. Estaremos hasta el día 30 recibiéndolos.

—Pero yo soy el aspirante; mis hijos no son médicos.

—¿Usted?

—Sí, ¿hay algún problema?

—No, señor, le ruego me disculpe.

Entregó sus papeles y salió airoso con su forma sellada de recibido. Ahora solo había que esperar dos meses más para que la lista definitiva de aceptados se publicara, viajar a Barcelona y demostrar para lo que se estaba preparando.

Al salir y enseñarle el recibo foliado a su hija, ella lo abrazó y lo felicitó: "Eso me gusta de ti, tu necedad", dijo con cariño. Ese día lo pasaron juntos, fueron a comer y al cine. Una jornada muy especial.

La mañana siguiente ella se fue a trabajar y él regresó a Mérida, a su rutina de médico y estudiante.

En casa, una muy triste noticia lo recibió y todavía más terrible fue tener que transmitirla. Su exsuegra, la mamá de Romina, doña Mari Canul Poot, había fallecido. La encontraron sola en su casa por el mal olor de su cuerpo en descomposición; ella había escrito una carta antes de suicidarse. La soledad por la lejanía de sus hijos, Romina y Patricio, además del dolor no superado por la muerte de su esposo, la obligaron a tomar esa decisión. A ella la mitología maya del inframundo nunca la tranquilizó, el cristianismo sembró en ella la culpa.

Cuando le avisaron, se enteró de que no habían localizado a sus hijos. Nadie conocía su plan de viaje. Fidel no pudo evitar sentirse mal. Como hombre mayor y con experiencia debía hacerle ver a Romina lo egoísta de su proceder con su madre. Como médico, sabía por experiencias previas de familiares de sus pacientes que esta conducta era más frecuente en personas como la señora Mari, era más vulnerable porque vivía sola, tomaba alcohol, y sus hijos, con su olvido e ingratitud, no ayudaron.

La carta de doña Mari estaba en su poder, se hizo responsable de los trámites en lo que localizaba a Romina, quien no estaba en un lugar accesible a la comunicación. Ella solo se ponía en contacto con Fidel cuando necesitaba dinero, así que no esperó más e incineró los restos.

Necesitaba informarles a sus hijos, pero su amor por Romina le hacía pensar cuáles serían las palabras más adecuadas para que su dolor, imposible de evitar, no produjera una culpa que a la larga fuera incurable. Muchos estigmas y la ignorancia pueden ser muy dañinos, por lo que Fidel, recordando las enseñanzas de su maestro Peña, "Saber qué hacer, pero, sobre todo, que no hacer", decidió asesorarse con Grisabella, quien lo auxilió con cariño y empatía.

—Fidel, antes que nada, lamento tu pérdida. Por lo que me habías contado en Mérida, sé de tu cariño por Romina y su familia.

Fidel no contestó. Ser médico no aminoraba la culpa. Él sabía que, como yerno, había fallado.

—Por favor, compárteme la carta de la que me platicas.

Fidel se la envió de inmediato a su teléfono.

Al terminar de leerla, ella le explicó:

—El tema de los familiares que perdieron a un ser querido por suicidio tiene características diferentes y específicas. Debes asegurarte de que Romina entienda bien eso. Tiene muchas causas, aunque puede haber un último desencadenante y ellos sentirse culpables por haberla abandonado al irse de viaje sin decírselo. En la carta no menciona un motivo, solo se despide. Ella se llevó sus razones, las ocultó, lo que es común. Me preguntas cómo darles la noticia; bueno, pues no hay una forma "adecuada" frente a otra "inadecuada". Tendrás que encontrar esas palabras. Tú conoces mejor a Romina y a su hermano, solo trata de ponerte en sus zapatos. Intenta que su duelo, que no podrás evitar, no les produzca pensamientos reiterados de culpa irracional. Te repito, el proceso del duelo no lo puedes impedir, es necesario y terapéutico. Hazles entender que la conducta suicida es un acto que ni los psiquiatras entendemos, pero que es la única forma que algunos encuentran para dejar de sufrir. Que les quede claro que es multicausal y tratar de buscar el porqué solo hará que se sientan juzgados y culpabilizados, ahí es donde tu papel de pareja ayudará. No la dejes sola, acompáñala en su dolor. Ellos esconderán sus preguntas, se sentirán solos, dales tiempo. Aunque Romina sea médica, recuérdale que aun los expertos no somos capaces de detectar el riesgo de un suicidio, mucho menos alguien que no conoce del tema. Es un evento, en la mayoría de los casos, inexplicable, inesperado, repentino, como ahora. Sé cauteloso al explicarlo, nadie está preparado para recibir este tipo de noticias, salvo cuando hay intentos previos fallidos, que no es el caso de tu suegra.

Contrariamente a lo que se pensaría, este triste acontecimiento no menguó la energía de Fidel para estudiar y presentar el examen; lo estimuló. Era otra de las enseñanzas de su maestro Peña: había que hacer un autoexamen, una sesión de morbimortalidad personal, y así lo hizo. Sintió que él, como Freud, podría contribuir en algo, un sentimiento que siempre tuvo respecto a la cirugía pediátrica, pasar a la historia, un deseo de trascendencia que a nadie hacía daño y que, como cirujano pediatra, no había logrado. Esa sería su segunda oportunidad, la que todos deseamos, aunque no lo expresemos.

Pasaban los días y no lograba contactar a Romina. Tenía la caja con las cenizas de doña Mari en el buró de su compañera, y lo hacía pensar en ella. No lograba concentrarse totalmente en sus estudios; le angustiaba enormemente no saber de su amada.

Empezó a recordar aquella mañana que algo le interrumpió el sueño, como un presagio, y que lo obligó a levantarse más temprano que las charas yucatecas: fue el día del deceso de su suegra. En sus sueños que lo despertaron de madrugada, ella le pidió que se hiciera cargo de su hija, que no la abandonara. Poco a poco empezó a resurgir en él el sentimiento de amor protector, como de un padre, por su amada.

Por fin sonó el teléfono de Fidel, la pantalla anunciaba a Romina, a quien tenía registrada como "Metempsicosis". Cuando ella le preguntó por qué, le contestó que era porque la amaba en espíritu, alma y cuerpo, que ella era la reencarnación de Ixchel, la diosa maya del amor.

Tomó el celular con angustia y casi sin voz. Ella habló sin parar, como un merolico sin pausar sus frases. Fidel calificó aquello de taquilalia, pues lo asoció sin pensar a la mucha información acumulada recientemente por sus estudios.

—Fidel, ¿qué te pasa?, ¿por qué no contestas? ¿Me escuchas?

—Sí.

—Estoy preocupada. Vengo llegando al pueblo y, al conectarme a internet, tengo muchas llamadas perdidas de mi madre y ahora no me contesta. ¿Podrías ver qué le pasa, por favor?

Fidel había pensado muchas formas de darle la noticia a Romina, pero en ese momento dudó. El que su madre la buscara antes de su muerte no era un buen augurio para su respuesta. Fidel se pronunció:

—Romina —le dijo con seriedad—, necesito que regreses ya.

—¿Qué pasa? Quedamos en que estaría un año acá, el curso de yoga con mi hermano está en la fase más importante. No sabes cómo esta experiencia ha cambiado mi vida. Este curso es muy espiritual, todo lo contrario de mis clases previas llenas de ejercicios y respiraciones. Aquí la meditación es lo más importante, estoy aprendiendo a vivir sin ansiedad, todo es amor. Ojalá pudieras venir tú también.

Fidel la interrumpió.

—Romina, necesito que vengas, tu madre murió.

Se hizo un silencio.

—¿Hace cuánto? ¿Cómo fue?

Fidel pensó que no era conveniente mencionarle lo del suicidio y respondió:

—Hace tres semanas. La encontraron en su casa muerta, con más de tres días. Me hice cargo de los trámites y la incineré. Tengo en casa sus cenizas; su casa la cuido por ti en lo que regresas.

El silencio continuó unos segundos más y Romina se convirtió en la consoladora en vez de la dolida, contrario a lo que Fidel pensó, a pesar de ser ella la deuda.

—Fidel, por favor, respira profundo y escúchame: la muerte es parte de la vida, así como la vida es parte de la muerte, es solo una transición del karma. Ella está en un camino luminoso de evolución, debemos aprender a decir adiós elegantemente. He renunciado al hedonismo. El dolor es natural, pero con amor lo superarás. Fidel, entiende que somos eternos. Mi madre nos acompaña, de eso estoy segura. No tiene caso que regrese, lo material ya lo solucionaste. Te lo agradezco. Seguiré con mi hermano. Desde aquí haremos mantras de amor, compasión, paz y conexión por el espíritu de mi madre. Nadie va ni viene, solo cambia de estado vibracional; ella estará con nosotros como planta, animal o insecto. Todos estamos de paso, ella solo le dijo adiós a su cuerpo. Tenemos que aprender a vivir el presente y a conectar con el alma de nuestros seres queridos. Y finalizó con un saludo de reverencia: *namasté*.

Colgaron. Fidel sintió la calma y la tranquilidad que Romina le transmitió y lloró de alivio. Su rutina continuó, pero ahora empatizó con las palabras de su amada, las entendió y las fortaleció con su admiración y respeto del inframundo maya. Ahora, cuando convivía con las charas yucatecas, imaginaba que una de ellas era doña Mari, y otra, don Arnulfo, su padre.

Algo traumático que ocurre como cirujano de infantes graves a los que en ocasiones la cirugía no puede sanar, es cuando hay que dar la noticia del deceso del menor a los padres. Para algunos galenos se vuelve rutina, pero para Fidel era un dolor acumulado con el tiempo. Tenía en sus engramas un panteón de todos los pequeños a los que no pudo ayudar por padecimientos congénitos severos o politraumas sin solución. La plática con Romina también lo alivió de eso.

Grisabella llamó para preguntarle cómo le había ido con Romina. La psiquiatra quedó gratamente sorprendida.

—Fidel, ahora que seas psiquiatra, tenemos que investigar muchas cosas. La psiquiatría aún está en pañales, me entusiasma tu entrega. Estate pendiente, ya falta muy poco para que se publique la lista final de los aceptados para presentar el examen MIR. Imagino que el problema familiar hizo que bajaras el ritmo de estudio...

—Por el contrario —le confesó—, ahora estoy estudiando mucho más.

Grisabella se alegró.

El día por fin llegó, la lista de aspirantes admitidos y no admitidos se encontraba ya en la página del gobierno de España. La noticia le llegó en un mensaje de Grisabella, quien estaba igual de interesada que Fidel. Ella no podía acceder, debía hacerlo Fidel con su contraseña. Él estaba por iniciar una cirugía larga cuando vio la noticia; también Catalina le había escrito: "¡Papá!, ya se publicaron las listas. Por favor, avísame. Estoy muy nerviosa y esperanzada por ti". Este mensaje de su pequeña le alegró la mañana.

Fidel tenía otra más de las enseñanzas de su mentor Peña: "Antes de iniciar una cirugía, apaga tu teléfono y olvídate de lo demás. Recuerda que tendrás en tus manos el futuro de un menor. Sabes a qué hora empezarás, pero jamás cuando terminarás. Disfruta la cirugía, no la sufras. Un cirujano apresurado no podrá nunca ser un buen cirujano pediatra. Tárdate lo que tengas que tardar, pero hazlo bien. La primera cirugía es la decisiva, las demás dependerán de la primera". Estas frases se repetían con cada enfermo antes de iniciar, y una más del doctor Gross del Hospital de Niños de Boston, Massachusetts: "Si la cirugía es difícil, lo más probable es que la estés haciendo mal". Así que Fidel, a pesar de la curiosidad y la ansiedad que sentía, actuó como un buen alumno de Peña y apagó su teléfono móvil.

Terminó mucho antes de lo pensado. Al parecer, los dioses del inframundo no querían un nuevo miembro. Todo salió bien y la felicidad de los padres al oír las noticias de Fidel funcionó como siempre, como dopamina, la droga de la felicidad a la que era adicto. Entregó su paciente en terapia intensiva y se encaminó a su oficina. Al prender el celular vio que tenía muchas llamadas perdidas de Catalina y Grisabella, estaban ansiosas y muy preocupadas. Fidel les respondió que acababa de salir de quirófano, que ahora les informaría. Abrió la página, puso su número y así se enteró:

Gobierno de España. Ministerio de Sanidad. Formación Sanitaria especializada.

Situación personal en la convocatoria actual.

Opositor: **FIDEL APARICIO DZUL.**

Situación Administrativa extranjeros no comunitarios: SITUACIONES CON CUPO DE PLAZAS.

Titulación: **MEDICINA**

Opta por el Turno de Discapacitados: **NO**

Su instancia ha sido: **“NO ADMITIDA”**

Su nacionalidad es: **MÉXICO**

Su situación administrativa es: **OTRAS SITUACIONES AFECTADAS POR EL CUPO DE PLAZAS.**

Su localidad de examen es: **BARCELONA.**

El motivo por el que la instancia se encuentra como **“no admitida”** es porque: **EXCEDE EDAD DE JUBILACIÓN FORZOSA.**

Cuando se lo comunicó a Grisabella, ella no lo podía creer. Se sentía apenada con Fidel por la negativa del Gobierno de su país y le dijo:

—Tú sigue estudiando. La próxima semana viajaré a España, tengo una reunión familiar en Madrid y prometo tratar de conseguir que se te dé audiencia para revertir la negativa.

Catalina actuó cariñosa y con empatía:

—Sé lo importante que era para ti esto, sé lo mucho que invertiste en tiempo y esfuerzo, sé cuán entusiasmado estabas, y te diré lo mismo que me dijiste cuando no pude entrar en el primer intento a la Facultad de Ciencias en la UNAM, cuando mi rebeldía le ganaba al estudio. Tu mensaje hizo que no me diera por vencida y así logré ser aceptada para estudiar física y ser la mejor calificación de mi generación, ¿recuerdas?: “Habrá otras puertas que se abran para ti que seguramente serán mejores”.

Y aunque las palabras de su hija, la esperanza de Grisabella de una audiencia y la cirugía exitosa de ese día eran motivos suficientes para estar alegre y frenar esa nueva bomba que quería terminar con su sueño, la realidad era que el susurro que le invadía la mente de haber fracasado se manifestaba en su mirada. Se sentía confundido, con miedo e incomodidad, como arrepentido de haber hablado de más y comprometerse. Muchos estaban enterados de su plan, una especie de vergüenza por su edad lo invadió, como si tener más de sesenta fuera un delito. En el hospital estaba agitado y se notaba que no había dormido, ya que sin el metilfenidato y el alprazolam el insomnio reapareció, sus ojos estaban enrojecidos y los labios resecos, su voz un poco más ronca, tal vez por gritar por las noches su enojo y por la sensación de injusticia. Por segunda vez su sueño era destruido en dos países que se decían hermanos, México y España, los dos le negaron la esperanza, ahora ¿dónde intentaría estudiar psiquiatría?

Este bombardeo de rabia no duró más que unos días y no causó grandes daños en los sueños de Fidel. Nuevamente con el Tafil (alprazolam), 0.25 mg, tuvo un sueño reparador, se vio como psiquiatra y esto le recordó que Grisabella le prometió conseguir una audiencia. Se tranquilizó a sí mismo, la madurez ganó. Siguió invulnerable, como siempre había sido, y retomó el estudio con la seguridad de lograrlo.

Grisabella, se comunicó. En el tono de voz había mucha molestia:

—Fidel, algo haremos. La necedad de las autoridades de salud en México al no aceptarlo, me parece que es una más de las herencias de España al conquistarlo. Vengo más que molesta, fue como discutir con la pared.

Y le salió su sangre catalana, su pensar antimonárquico e independentista: "¡Al que deberían de jubilar es al pinche rey de España!".

Fidel dejó de estudiar, pero no dejó el metilfenidato. Aumentó su energía y retomó su rutina de cirujano pediatra de tiempo completo; sus charas yucatecas lo siguieron acompañando.

Pasados unos días recibió un correo de su maestro, el doctor Peña, quien quería saber noticias de su alumno. En eso era muy responsable, jamás los abandonaba. Al enterarse del fracaso de Fidel, le escribió con el cariño y la simpatía de un amigo, de un hermano mayor:

> No te puedo ocultar la tristeza que me da saber esto. Aunque no lo creas, sé lo importante que era para ti. De antemano sabía que mis consejos no serían escuchados, eso me gustaba y me gusta de ti como alumno, nunca obedecías por obedecer, siempre cuestionabas y demostrabas con resultados tus diferencias, pero también corregías y aceptabas tus errores. Por otra parte, me da alegría, porque no se perderá ese médico que formé; aún hay muchos niños enfermos que te necesitan. Y aunque sé de antemano que no te darás por vencido, ¿por qué no haces de lo malo algo bueno? Escribe una novela de esta vivencia. Espero leerla pronto.

Seré sincero: creo que muy pronto te convencerás de que tienes más futuro en tu hospital en Mérida, Yucatán, que en España. Recuerda que al salvar a un niño ya justificaste haber pasado por este planeta.

Te mando un abrazote con el afecto de siempre.
Tu amigo

Arturo Peña.

5. BALCHÉ, SAKÁ

Los mayas y el edadismo inverso

"¡Edad de jubilación forzosa! ¿Qué les pasa?", se quejaba Grisabella mientras les compartía a sus compañeros médicos del hospital psiquiátrico Fray Bernardino Álvarez su fracaso con su supuesto conejillo de Indias. En su cara reflejaba el desvelo de la ansiedad y, sobre todo, la sensación de injusticia. La escuchaban con indiferencia, no daban la más mínima importancia al rechazo de su amigo Fidel por las autoridades de salud en México y en España para estudiar psiquiatría. Solo una enfermera veterana y a punto de jubilarse empatizaba con su molestia. En realidad, no solo estaba asombrada, se veía reflejada en esa historia. A ella le faltaban las palabras para hacerle saber a la doctora que concordaba con su contrariedad, por eso no quiso levantar la mano y hacer un reclamo a los otros médicos que no se comprometían y cómodamente mantenían una actitud indiferente y pasiva que tanto daño ha hecho a la salud del pueblo.

Al llegar a su casa, Grisabella no lograba dar vuelta a la página. Era de esas personas que nunca abandonan a un colega en problemas; su experimento ya era secundario, la convivencia con Fidel le hizo trocar su sentir y ahora predominaba la amistad. Así que decidió hablar con su tío José Miguel como una última esperanza. Era un médico rural muy afamado en su pueblo, Girona, a quien siempre acudía cuando necesitaba un consejo; lo consideraba más que un maestro, por su ejemplo ella había decidido ser médica. Después de platicarle el viacrucis de Fidel, su tío le dijo:

—Te voy a pasar el número y el correo de la doctora Constanza González de León, es muy amiga mía y presidenta de una fundación en Madrid a la cual pertenezco: Luchando contra el Edadismo.

Su tío "olvidaba" siempre que Grisabella ya era adulta —para él seguía siendo su pequeña "Grisi", como solo él la llamaba— y, por lo tanto, no necesitaba explicaciones tan detalladas, pero ella conocía la manera de ser de su querido tío y no lo interrumpió, aunque por sus estudios sobre el cerebro de los mayores de edad conocía de sobra esa información.

—No busques esta palabra de edadismo en el diccionario de la Real Academia, ya que aún no ha sido aceptada, ¡qué vergüenza! Recuerdo que, en la Asamblea de las Naciones Unidas sobre Envejecimiento —que irónicamente se celebró en Madrid en 2015—, se agregó *edadismo* a las ya conocidas *sexismo* y *racismo*. La Organización Mundial de la Salud la tiene muy bien tipificada como "estereotipos, prejuicios y discriminación por la edad".

"Ay, mi pequeña Grisi, estoy muy molesto y decepcionado, pero, sobre todo, avergonzado con tu amigo, ya que fueron las autoridades españolas del Ministerio de Sanidad las que lo discriminaron, ¡no lo puedo creer! Por favor, mantenme informado qué te responde mi amiga, y si es necesario que le hable personalmente, indícamelo lo más pronto posible. Ahora considérame parte de este plan".

Terminó sin más plática, ya que tenía la sala de espera de su consultorio al tope de pacientes a pesar de sus 72 años.

Una vez que colgó, Grisabella tuvo la ansiedad de llamar a la presidenta de inmediato a su celular privado, pero al recordar las siete horas de diferencia entre México y España, no quiso molestarla. Ya era tarde, pero pensó: "¡Ah que mi tío José Miguel!, no ha cambiado nada. Son las 10 de la noche en Girona y aún sigue en consulta", lo que la hizo sentirse más orgullosa de él.

Grisabella tuvo que madrugar para hacer la llamada, ya que la presidenta atendía en la Fundación de 9 a 12 horas, es decir, de dos a cinco de la mañana de la Ciudad de México. Se levantó a las cuatro, no mucho más temprano que su rutina; ella se levantaba entre semana a las seis en punto, pues entraba al hospital a las ocho todos los días.

La doctora Constanza González la escuchó con atención. Grisabella había planeado qué decirle la noche anterior, cómo sensibilizarla, lo que en realidad no era necesario, pues la presidenta estaba más que comprometida, pero de lo que le dijo, algo la enfureció:

—¡Cómo es posible! A nuestras autoridades la pandemia recientemente vivida ¡no les enseñó nada! Más me molesta lo que me platicas luego de saber que el doctor Fidel, a su edad, se inscribió para ayudar en esa guerra contra el covid-19. Aquí, en España, no nos dábamos abasto, y en los equipos de las misiones de médicos cubanos que llegaron a toda Europa para auxiliarnos vi a muchos galenos mayores, cubanos y españoles, trabajando con más ahínco que los jóvenes. ¡No aprendemos! España tiene el segundo lugar de población más longeva del mundo, ¿qué haremos el próximo año? La jubilación forzosa nos dejará sin médicos, con las nuevas generaciones no alcanzamos a suplirlos. Estoy de acuerdo en que los que deseen jubilarse lo hagan, están en su derecho, pero no todas las personas son iguales, cada quien tiene su personalidad, sus objetivos vitales y su voluntad de propósitos. A todos los quieren meter en un mismo cajón, pero las personas adultas mayores en lo colectivo son heterogéneas. Los que se quieran jubilar y pasar el resto de sus días pescando, observando la naturaleza, pintando, escribiendo sus memorias y cuidando nietos son libres de hacerlo, pero a los que aún tengan esa energía y vocación para trabajar y ayudar a sus enfermos, ¿por qué negárselo?

”A tu amigo, por el contrario, tendrían que apoyarlo. Él solo busca en su interior sentirse útil y valorado, y si aún se siente capaz de hacerlo y con eso aumenta su autoestima, ¡qué bueno!; lo que no están viendo es que también nos viene a ayudar. El trabajo como médico residente tiene una parte asistencial que nos hace mucha falta, ¿qué daño nos hace? No está pidiendo ventajas por su edad para entrar, sino concursar en igualdad de oportunidades que los jóvenes, si a eso no se le llaman discriminación, ¿qué es, entonces? Lo único que lograrán con estas actitudes respecto a nuestros adultos mayores es llenar España de una población de ancianos enferma y deprimida.

”Antes de que me llamara, ya estaba muy molesta y dictaba a mi secretaria un oficio al Ministerio de Sanidad por su falta de tacto. No tienen conciencia. ¿Sabes cómo anunciaron las autoridades de salud la campaña de vacunación?: “Se inicia el proceso de vacunación entre los ancianos de 50 a 59 años”. ¿Cómo nos llamarán a los mayores de 60? Ahora estoy más molesta todavía. Doctora Grisabella, muchas gracias por compartir este caso. Cuente con nuestra fundación para ayudar a su compañero. Necesito que le pida al doctor Fidel que elabore un oficio de hechos no muy largo que incluya estos tres puntos:

1. Antecedentes del adulto mayor discriminado; antecedentes curriculares.

2. Persona responsable del maltrato (discriminación), es decir, el Ministerio de Sanidad de España, encargados de elaborar la lista de admisión al examen MIR.

3. El contexto en que se produjo. Poner el sentir o lo que busca al realizar la residencia en psiquiatría, y que quede muy claro que se inscribió para participar en igualdad de circunstancias.

"Quedo en espera de sus noticias. No creo que lo logremos para este ciclo, pero, aunque para el siguiente año Fidel ya tendrá 66 años, si nuestra petición es aceptada, no será impedimento. Por el contrario, el resultado de nuestra lucha tendrá más importancia que la meramente individual de su amigo; sentaremos un precedente para ayudar a otros mayores de edad a no ser discriminados y que puedan seguir estudiando y trabajando".

Grisabella estaba muy emocionada y decidió no decirle nada a Fidel. Le parecía muy cruel darle esperanzas, pero como buena estratega no solo gestionaría la demanda en España, sino también en México, en la Comisión Nacional de Derechos Humanos, como un caso clarísimo de edadismo. Con esta noticia, también resurgía en ella el interés de su fase experimental sobre el cerebro de los adultos mayores.

Se puso a trabajar con empeño e interés. Consiguió bibliografía reciente de otros países donde se penaba la discriminación por edad y, tristemente, encontró que solo en Ontario, Canadá, estaba prohibido preguntar la edad para obtener una plaza de trabajo o estudio. También incluyó estadísticas recientes de la deficiencia en el número de psiquiatras en México y en España; este dato fue impresionante, y más vergonzoso para México. Por último, los nuevos índices en enfermedades mentales y drogadicción en ambos países, cuyas cifras se han incrementado exponencialmente. Su oficio era irrefutable, indestructible e incuestionable.

Ahora le faltaba el visto bueno de Fidel para continuar con el proceso, pero antes de informarle quiso consultarlo con su amiga Catalina, la querida hija del doctor Fidel Aparicio Dzul; ella lo conocía más que Grisabella y, por cortesía, al haber sido la persona por la que se dio el contacto.

Catalina quedó más que emocionada y agradecida con su amiga por involucrarse con tanto interés y defender a su papá. Le sugirió hacerlo entre las dos, en secreto, sin tomar su opinión.

—Le daremos una sorpresa cuando hayamos ganado, no antes. No lo quiero ilusionar y mucho menos estresarlo. Bastante tiene con sus pacientes quirúrgicos del hospital público.

—Catalina, ¡tiene que firmarlo tu papá! —refutó con razón Grisabella.

—¡Ay, amiga!, no sabes cuántas veces he falsificado la firma de mi padre desde niña, me la sé de memoria; es más, cuando el firmaba un cheque, muchas veces no me lo querían pagar porque, según ellos, no coincidían los garabatos. Yo lo hago mucho mejor que él.

Rieron las dos y, como cómplices de un delito de amor, realizaron su plan. Ahora solo hacía falta esperar.

Fidel había regresado a su papel de conejillo de Indias.

El doctor Arturo Peña se levantó muy temprano sin hacer ruido para no despertar a su querida compañera de toda la vida, Araceli, a quien siempre llamaba Ara con respeto y amor, pero sobre todo con complicidad; los alumnos de Peña, por tradición de generaciones, le decían la tía Araceli.

Araceli era la típica esposa de antaño, administradora de la familia, pero no solo eso, era la parte amable, cariñosa y femenina de la que carecía el doctor Peña. Ella lograba que reconociera sus errores, era a la única a la que le soportaba una amonestación o consejo. Los alumnos se contaban en secreto una historia del matrimonio que sucedió en el aeropuerto después de terminar un congreso de cirugía pediátrica. El doctor Peña estaba muy nervioso porque casi pierden el avión de regreso, y en voz alta le ordenó groseramente a su compañera:

—¡Ara, dame los boletos!

—Mi vida, tú los tienes —contestó calmadamente.

—¡Carajo, Ara, te los di! Por favor, vamos a perder el avión —respondió con mayor enfado.

—Mi vida, los tienes en la bolsa de tu abrigo —dijo con tono de madre al hijo enojado para tranquilizarlo.

El maestro buscó en las bolsas de su gabán ¡y ahí estaban! Palideció de vergüenza y le dio un beso en la frente a su querida Ara:

—Gracias, Arita, por eso te quiero.

Los tres alumnos que los acompañaban se encargaron, como si fueran viejas chismosas, de esparcir por debajo del agua esta anécdota que dibujaba a la querida tía Ara.

En estos tiempos en que ya no hay roles definidos en las familias ahora es más común decir "detrás de una gran mujer, siempre hay un gran hombre", como le sucedió a Marie Curie en el siglo pasado.

Volviendo a la historia, al levantarse Arturo con su nueva rutina de jubilado, primero fue a nadar y después se puso a preparar el desayuno. Cuando terminó, despertó a su compañera, ella aún no se acostumbraba a tenerlo todo el día en casa; aquello era algo nuevo para los dos.

Arturo tenía un sentimiento de que algo no andaba bien, de que algo faltaba. No entendía por qué si ya no tenía pacientes de quienes preocuparse. Durante el desayuno no hablaba, estaba ensimismado tratando de averiguar qué era eso que le preocupaba. Era de esos pocos ancianos que se conservan jóvenes de espíritu, poseía una constelación de valores enriquecedores para cualquiera que lo conociera, cualidades que aumentaban su autoestima y autopercepción, y esto le confería una personalidad muy atractiva; su manera de ser era muy equilibrada, pero la cualidad que no había perdido a pesar de la edad era su gran sentido del humor.

Araceli lo conocía demasiado bien en todo, hasta en los más pequeños detalles, y sabía que algo le angustiaba. No se ocultaban nada, así que empezó por hacerle un comentario:

—Arturo, leí el correo que le enviaste al doctor Fidel. ¿No crees que se te pasó la mano al decirle que escribiera una novela de su fracaso?, ¿crees que lo tomó como broma?

—Qué bueno que me dices esto, mi amor, eso me tenía angustiado. Qué bien me conoces. También lo pensé. No se me quita esa mala costumbre de pensar que, por ser mayor y el maestro, no debo disculparme con mis alumnos. Al rato le hablo para saludarle y hacerle saber que estoy con él en este momento de dolor por su rechazo para concursar en su sueño de ser psiquiatra.

La verdad es que Fidel, lo conocía y estimaba como a un hermano mayor más que como profesor, y los hermanos se hacen bromas, eso que ni qué. Además, el sentido del humor del maestro era legendario, nadie se lo tomaba personal.

Fidel ya estaba resignado, había intentado no darse por vencido y hacer su solicitud en otro país, como Argentina, pero tampoco tuvo éxito, el requisito era más exigente: "No haber pasado de cinco años después de haberse graduado como médico general". ¡Imposible!

Había decidido, entonces, seguir como cirujano pediatra mientras su cuerpo se lo permitiera, y con el metilfenidato se sentía rejuvenecido y con nuevas metas. Sin embargo, extrañaba a Romina. Ella no estaba enterada del fracaso de Fidel en su intento de ser psiquiatra. Pensó que eso no le ocurriría, pero se equivocó.

Por la tarde recibió la llamada de su maestro Peña y, después de platicar y aclarar su broma, lo que a Fidel le halagó, Peña le preguntó si no había pensado en la posibilidad de hacer una subespecialidad de cirugía pediátrica, o hacer estudios de psiquiatría sin hacer la residencia en forma, es decir, autodidactamente.

—¿Ya no se acuerda, maestro, cuando quise solicitar la residencia de cirugía colorrectal y no logré entrar con todo y su recomendación? Estábamos seguros de que, con mi plan para establecer un centro de esta especialidad en el sureste del país, yo sería el elegido.

—Sí. me acuerdo muy bien. Por cierto, se le dio la plaza a una cirujana pediatra que ni siquiera se había recibido de cirujana pediatra general, ni había salido al mundo para trabajar con esa especialidad para retribuir a su país su preparación, no tenía currículo en eso, solo de estudiante. Claro que lo recuerdo. Y también que te dije: "No necesitas una subespecialidad en cirugía pediátrica para operar casos complejos de cirugía colorrectal, ya eres un cirujano experimentado". Pero de lo que más me acuerdo es de tu necedad de hacer la residencia en forma, que no me convenció del todo. Cuando yo me hice especialista de estos temas, aún no existía esta subespecialidad.

—Bueno, maestro, usted fue pionero, no es lo mismo. Es la misma razón por la que deseaba realizar la residencia de psiquiatría en forma, para no hacer daño. Usted siempre nos enseñó a respetar la cirugía, y que esos médicos a los que llamaba "seudopioneros", que piensan que aprendiendo solos, sin vigilancia, con mucha soberbia se hacen llamar pioneros de algo que no crearon, solo repitieron, sin un asesor entrenado para supervisarlos y evitar daños por su maligna curva de aprendizaje, alguien que en realidad esté entrenado para enseñar y cuidarles las manos mientras aprenden. Recuerde cuando, en los congresos, nos secreteábamos respecto a esos mismos seudopioneros cuando presentaban su casuística exitosa ocultando sus iatrogenias durante la famosa curva de aprendizaje, esa que hace mucho daño cuando no se respeta.

—Tienes razón, Fidel. Entonces, ¿qué harás?

—Lo mismo, resolver lo que sé hacer y, cuando necesite ayuda, la pediré a quien sabe más que yo, hasta que me sienta seguro de hacerlo sin dañar a mis enfermos.

—Bueno, mientras mis facultades y la salud no me fallen, sigue contando conmigo, mi estimado amigo.

—Sí, maestro.

Pensó que ahí terminaría la llamada, pero Peña no aguantó la curiosidad, conocía muy bien a su alumno y sabía que algo le ocultaba.

—Pero contéstame algo —le dijo con maña—, independientemente de tu supuesta vocación por la psiquiatría, sé honesto y dime por qué quieres dejar la cirugía. Aún estás joven, apenas tienes 64 años, y a esa edad es cuando estuve más activo.

Fidel le abrió al maestro sus secretos, pero sobre todo su corazón, y este lo entendió perfectamente, no sin antes decirle:

—Cuídate mucho, amigo. Cambia tu vida, cuida tu salud y ven a visitarme pronto. Recuerda que aquí, en Villahermosa, Tabasco, tengo una casa de campo en la bella laguna de las Ilusiones, donde estaremos rodeados de un ambiente silencioso y de esta hipnotizante naturaleza verde, sin omitir la compañía de un buen whisky ambarino como los ojos de los cocodrilos. Esto nos soltará la lengua y platicaremos lo que el alma calla.

Al colgar, el maestro Peña pensó con sorna: "¡Ah, qué Fidel!, ya se le olvidó un pequeño detalle que le mencioné cuando no fue aceptado para cirugía colorrectal: "Les diste miedo, tu fama de rezongón y al ser mayor que los que serían tus maestros no te ayudó, esa fama tú mismo te la creaste. Estaban buscando a alguien obediente, un joven que no los cuestionara y tú eras un problema. No todos los maestros aprecian a los alumnos preguntones como tú".

Claro que se acordaba Fidel, sobre todo de la última frase del maestro. La guardaba en sus engramas como un gran diploma: "¡Ellos se lo pierden! Con la capacidad de trabajo que te conozco, los hubieras ayudado mucho, por eso te recomendé".

Nadie imaginó el vuelco que daría la vida de Fidel, uno que ni el mejor escritor de novelas hubiese imaginado. La broma del maestro Peña algo tenía de razón. Su amada Romina tenía un secreto desde hace tiempo, algo que ya no podía callar. Durante su viaje a la India con Patricio había conocido a Thiago, un brasileño amigo de su hermano, un año menor que Romina, pero con una madurez espiritual de anciano, lo que la hipnotizó. Sus pláticas eran largas, profundas y enriquecedoras. Jamás pensó en engañar a Fidel, más bien nuestro amigo fue anulado, borrado por completo de las ilusiones de Romina. Ella jamás pensó que eso sucedería, pero las charas yucatecas desde hace tiempo ya lo presagiaban.

Thiago conoció a Patricio durante una ceremonia de ayahuasca en Brasil y desde entonces eran amigos. Se sentían conectados con una amistad cósmica, de esas que se dan muy contadamente. Los dos habían planeado ese viaje, de ahí que Patricio invitara a Romina. Muy en su interior, Patricio deseaba que su hermana se involucrara con su amigo; como eran gemelos, había un deseo de fusión de ambas historias, parecía una relación destinada por las estrellas.

Patricio y Thiago eran admiradores del yoga, y esa combinación de yoga y ayahuasca se estaba fortaleciendo en todo el mundo. Uno de los lugares con más simpatizantes de esta mezcla cultural se infiltraba lentamente en la tierra maya, en el estado vecino de Yucatán, en Quintana Roo. De ahí que las charas yucatecas lo presagiaran. Tenían que hacer algo para que su amigo Fidel lo entendiera y lo superara.

Hacía una semana que Romina se había enterado de que Ixchel, la diosa del amor y la fertilidad, la había premiado: estaba embarazada. Thiago y Patricio, al enterarse de esta trascendental noticia, sintieron que su amistad había sido sellada con sangre. Los genes de los amigos se habían reflejado como un vector hacia el universo. Romina también estaba feliz, muy feliz, y la culpa cristiana que en otros tiempos se hubiese presentado como traición a Fidel ni siquiera se pudo asomar, los nuevos conocimientos de su curso de yoga estaban más que enraizados.

El nuevo ser que se gestaba en el vientre de Romina estaba destinado a existir desde antes de que nacieran ella, Thiago y Fidel y, siendo precisos, mucho antes que sus antepasados más longevos. El universo se manifestaba sin freno; para el cosmos, todas las culturas y las religiones son una sola, y en la Tierra se llama naturaleza. De ahí lo maravilloso que estaba por venir: el nacimiento de un nuevo ser.

Romina tenía que hablar con Fidel. Sabía que él aún la amaba. En su curso aprendió a percibir su sentir en las vibraciones de su voz. La última vez que habían platicado lo percibió con claridad, y aunque fue como un halago para su alma saber que todavía era importante para él, el amor de Romina ya había cambiado, pero no quiso lastimarlo. Esa fue la razón que tuvo para no compartirle su secreto.

Su angustia se la comunicó a Thiago. Él estaba muy agradecido con Fidel por haberla cuidado. Para Thiago, Fidel era un hermano aun sin conocerlo. Su bonhomía era parte de las características que impactaron a Patricio y a Romina.

Romina y Thiago, en un ambiente de soledad, unieron sus almas para emitir esa energía mística en una estructura de sonido, liberando así sus vibraciones con el poder de la concentración y repetición de un mantra, primero de compasión, después de paz y conexión y, al final, de amor. Este era más poderoso porque no solo era de la unión de dos, sino de tres por el nuevo ser que se gestaba.

Las vibraciones fueron recibidas con intensidad por las charas yucatecas. Los pájaros funcionan como receptores a distancia o para mandar angustias de los enamorados. Los dioses mayas asignaron una misión a cada uno de los animales y las plantas que habitan en la gran península de Yucatán y, aunque se dice que el colibrí es el encargado de llevar los deseos y pensamientos de un sitio a otro, esa es una idea de los humanos, porque solo los pájaros saben que esa tarea corresponde a las charas, los colibrís son sus ayudantes, pues por su pequeñez y velocidad de aleteo funcionan como colaboradores suplentes cuando el acceso es difícil para las charas yucatecas o cuando la carga de trabajo las supera.

"La vida da muchas vueltas", le decía la abuela Conchita a su hijo Arnulfo, y así era. Nos preocupamos de más sin saber que, al final, nos llegará algo que no esperábamos, algo que necesitábamos saber antes de un evento doloroso, ese conocimiento que, sin buscarlo, el destino, el universo o el cosmos nos obsequia como un escudo protector contra el dolor que recibimos y que no florecerá en nuestro ser, ya que el nuevo entendimiento de las cosas o esa nueva conciencia evitará nuestra rabia, amargura y suplicio. Así, por ejemplo, Romina y Patricio habían recibido la sabiduría del yoga antes de enterarse de la muerte de su madre. Ahora, para Fidel había dos vivencias del pasado que las charas se encargarían de recordarle para que estuvieran presentes y se manifestaran al escuchar la noticia de Romina y de este modo fuera digerida sin dolor.

La primera era un recuerdo de hacía casi cuatro años que le dejó muchas enseñanzas: después del encuentro inolvidable en las hermosas playas de Xpu-Ha con Adriana, la acupunturista, pasado el tiempo pudo curarse de su ensimismamiento, lo que le produjo un gran alivio. Se dio cuenta de que, en parte, fue gracias a los consejos de su hijo Matías sobre controlar sus impulsos como evitó besarla aquella noche y pudo acabar con la inquietud que lo invadía. Y aunque añoraba e imaginaba lo que habría podido pasar si no hubiera impedimentos, reconocía que lo ganado en cuanto a salud mental no tenía precio. De regreso a Mérida compartió su experiencia con su hijo.

Matías, después de escucharlo, reírse juntos, alegrarse por su padre y agradecerle su confianza, lo invitó a visitarlo en diciembre:

—Papá, Sherrill y yo no podremos salir de Estados Unidos en diciembre, estaremos de guardia todo el mes en el hospital veterinario. Tenemos solo cinco días de vacaciones y queremos invitarte a venir. Tenemos planeado ir a la casa de campo de sus padres en el lago Tahoe, estado de Nevada, y solo estaremos los tres. Necesito que te pongas a hacer ejercicio y fortalezcas tus tobillos, rodillas y espalda, ya que te enseñaré a esquiar.

Matías y Sherrill eran veterinarios especialistas en gatos. Se habían conocido en la Universidad de California, en Davis, y desde estudiantes su amistad y complicidad fue creciendo sin buscarlo, se dio como se dan los frutos de un manzano, naturalmente, sin esfuerzo. Cuando estaban libres, vivía cada uno con "sus hijos", sus gatos, adoptados de un albergue. Sherrill tenía cinco y Matías tres, y cuando decidieron vivir juntos, sumaron ocho hermosos felinos: Mango, Lynx, Alaska, Popi, Benito, Pinta, Negra y Jack.

Sherrill sentía cierta animadversión por el papá de Matías, "el maldito doctor Fidel", como lo nombraba en su interior. La antipatía había nacido cuando, por accidente, al visitarlo en su casa de Mérida durante unas vacaciones y mientras Matías y su padre platicaban en español, Sherrill, que no entendía nada, revisó el librero de la sala de su suegro y hojeó la tesis de medicina del doctor sobre el estudio experimental de la epilepsia en el cerebro de los gatos, lo que la enfureció. Lo veía como un asesino de gatos.

Sin embargo, ahora que el amor entre Matías y Sherrill había crecido, ella deseaba dar vuelta a la página al saber el cariño que sentía por su padre. Fidel ignoraba que fue de ella la idea de invitarlo a pasar la Navidad. Ese gran romance había empezado como nacen las grandes historias de amor. Primero fueron sus pasiones compartidas y luego se enamoraron de sus rarezas, defectos, sueños, locuras y manías. Y, con el tiempo, el gusto por sus sonrisas, el olor, la forma de besar y hacer el amor. Esto último, por supuesto, solo ellos lo sabían, pero todos, al verlos juntos, se lo imaginaban; era difícil no pensarlo, eran el uno para el otro.

Fidel se disculpó con su hijo, y como entre ellos no había secretos, le explicó que sería muy incómodo para Sherrill estar los tres solos en la cabaña:

—Voy a hacer mal tercio con ustedes, creo que es mejor que disfruten su luna de miel ustedes solos.

—No, papá, fue ella la que me pidió que te invitara —le confió Matías.

No había pretexto que argumentar. Así pues, con ahínco y disciplina, todas las noches, después de sus consultas, Fidel se ponía a correr y a ejercitarse con sentadillas y ejercicios recomendados por su hijo para estar preparado y disfrutar esa nueva actividad para él y en la que la pareja de enamorados eran expertos, esquí y *snowboard*.

Los primeros días Fidel amanecía envarado, con las dolencias propias del que empieza a ejercitarse sin estar acostumbrado, pero la ilusión de convivir con su hijo y su nuera lo estimulaban.

Una noche, al regresar de su ejercicio, el teléfono le mostraba dos llamadas perdidas de su querido maestro Peña. De inmediato Fidel se reportó. Le quería referir un paciente que se encontraba en Mérida de vacaciones. Después de mencionarle los datos médicos de interés y antecedentes, terminó dándole la orden típica a la que ya estaba acostumbrado Fidel: "Una vez que termines de atenderlo háblame para informarme".

—Sí, maestro —le respondió como un soldado a su general, así los había acostumbrado a todos sus alumnos.

Antes de colgar, y como cortesía, el maestro le preguntó si tenía nuevas noticias:

—Y cuéntame, Fidel, ¿ya tienes alguna novia? Acuérdate de que no todo es la medicina y los pacientes, también debes pensar en tu corazón.

Fidel le contó orgulloso la nueva actividad que tendría con su hijo, y nunca esperó la sensata respuesta de alguien que ha vivido más que él:

—Fidel, ¿cuántos años tienes?

—Sesenta recién cumplidos, maestro —respondió ignorante del motivo de su pregunta.

—¿Y alguna vez has esquiado?

En ese momento Fidel sintió como si el maestro fuera un fiscal que lo cuestionaba en el banquillo de interrogatorio luego de poner la mano sobre la Biblia y jurar decir la verdad y nada más que la verdad. Sin más explicaciones, los comentarios finales del maestro transmitieron miedo:

—Fidel, no es un deporte para empezar a tu edad. Cerca de los parques de esquí hay centros hospitalarios especializados en traumas ortopédicos muy exitosos que se llenan de pacientes. Es un gran negocio y, por qué no darles crédito, tienen mucha experiencia. Son muy buenos. Tengo amigos que han intentado lo que piensas hacer y siempre es lo mismo, fracturas de brazo, hombro, rodillas y, lo más grave, secuelas irreversibles por daños en la columna y médula espinal. Piénsalo bien.

Una vez demostrado el error en sus repuestas, Fidel se sintió como en una película de juzgados. El maestro se refirió al juez con el estribillo final: “No más preguntas, señor juez”.

Fidel se encontraba en una encrucijada: los cuestionamientos del maestro y la invitación que venía de Sherrill eran las dos rutas a decidir para su futuro viaje que iniciaría en unos tres meses. Un letrero —dictado por el miedo— le advertía que no fuera temerario ni se convirtiera en kamikaze; el otro —más ambicioso, minimizaba su edad—, estimulaba su deseo de reinventarse y rejuvenecer. Optó por este último, pero en vez de entrenar tres veces por semana, ahora lo haría diario, incluso en sus guardias hospitalarias con series de sentadillas en sus ratos libres en su oficina.

Investigó en internet técnicas para practicar esquí sin nieve y se compró patines de ruedas, casco, rodilleras, muñequeras y coderas. Patinaba de madrugada, pues resultaba vergonzoso cuando los vecinos lo observaban apoyarse en dos escobas como palos de esquí para remar y darse impulso.

A las dos semanas de patinar sobre ruedas, en lo que también era primerizo, tuvo una caída y se lastimó la muñeca, por lo que suspendió esta actividad. Patines, casco y demás equipo quedaron guardados en un cajón en el que aún están castigados. Fidel siguió su entrenamiento sin tomar riesgos, prefirió guardarlos para diciembre en la nieve.

Llegó el día de iniciar la aventura. Fidel se encontraba en la sala de espera del aeropuerto de Mérida acompañado de sus pensamientos. Recordaba lo cruel que había sido con sus hijos al enseñarles a nadar y andar en bicicleta, podría justificarse diciendo que, al morir su padre, él así había aprendido del hermano de su madre, el querido tío Ruperto, un macho alfa frustrado que expresaba su subconsciente con métodos de antaño. Cuando el niño caía de la bicicleta le gritaba: "¡Levántese, hágalo otra vez, no sea mariconcito!". Que Fidel haya aprendido así no excusaba que repitiera esa escuela con sus hijos, pero así fue. Del tío Ruperto también tenía recuerdos cariñosos, no todo había sido malo, le había ayudado con el álgebra cuando estuvo a punto de reprobar el primer año de secundaria y gracias a él, pasó. Y se habló a sí mismo: "Espero que mi hijo también guarde solo los recuerdos buenos de su papá, y no quiera repetir en mí esos métodos para enseñarme a esquiar". En la sala de espera los otros pasajeros que aguardaban para abordar el avión lo escucharon, pero solo una tripulante de edad, sentada a su lado, dijo sonriendo: "Así son los hijos, cambiarán hasta que sean padres". Y aunque a Fidel no le simpatizó el comentario de la vecina, sabía que tenía razón al recordar su propia rebeldía contra su madre.

El día previo a viajar a la cabaña del lago Tahoe, cercana al parque de esquí, Sherrill y Matías se esmeraban por demostrarle lo contentos que estaban por su visita. Ella tenía mucha paciencia para entender lo que Fidel, con su mal inglés, quería expresar. Era una plática hermosa, ambos en *spanglish;* Matías se reía feliz.

Se levantaron muy temprano, subieron lo necesario a la camioneta, que iba repleta. En el techo instalaron una rejilla donde viajarían amarrados los equipos de esquiar de la pareja, era un deporte que a ambos les apasionaba. En el asiento delantero iba Matías de chofer y su padre de copiloto; atrás, Sherrill con los ocho gatos. Llamó la atención de Matías que los gatos estaban muy calmaditos, no se movían inquietos pasándose de un asiento a otro como acostumbraban, se notaba que el extraño no era bienvenido.

Al llegar al pueblo, se dirigieron a la tienda para rentar el equipo de Fidel. Matías le pidió al encargado botas de esquí, casco, esquís, gafas, guantes y palos. Al final les sugirió también protectores de coxis, de muñecas y una tortuga para proteger su espalda; algo vio en el semblante de Fidel que le llevó a hacer esta propuesta. Y aunque Fidel no entendía bien el inglés, eso sí lo captó y dijo no con una fuerza que no dejaba duda de su seguridad.

Llegaron a la cabaña. Descargaron todo y Matías prendió la chimenea. Después de una deliciosa cena que Sherrill preparó, se fueron a dormir para salir al día siguiente al parque.

Rumbo a su aventura, el paisaje era muy diferente al de Mérida. Aquí, las montañas nevadas y el tono del cielo con aire frío hacían imposible que sus charas yucatecas lo acompañaran; se sentía solo y feliz. Ya no lo seguía el recuerdo imborrable de su padre, descansaba desde que bebió el té que le preparó la doctora Adriana. Estaba en el inicio de su propia historia y ya se veía como esquiador, algo que su padre don Arnulfo no conoció.

En el parque, Fidel no pudo dejar de ver cómo la mezcla entre el negocio y la naturaleza podrían arruinar el equilibrio de esos hermosos paisajes, pero no comentó nada, no quería amargar el día con sus soliloquios.

Fidel, Matías, Sherril y su amiga Madison empezaron a subir en el teleférico hacia las montañas, y mientras avanzaban, recordó el miedo que sintió cuando su autoasignado entrenador, su tío Ruperto, lo obligó a saltar del trampolín de cinco metros.

Matías le habló cariñosamente para darle instrucciones de como deslizarse y frenar haciendo posición en cuña, o punta de flecha con los esquís. Al principio fue muy paciente, pero a veces el subconsciente se reflejaba cuando Fidel no le entendía. Cuando se cayó le dijo:

—Vamos, papá, levántate. Hazlo otra vez, y otra, y otra. ¡Carajo, papá!, haz la pizza bien, ¡te vas a lastimar!

Esa caída había sido fuerte y Matías suspendió por ese día. Fidel se sentía apenado, muy avergonzado por haber fallado.

Sherrill regresaba con su amiga Madison, quien los acompañó ese día, riendo y recordando cómo casi chocaban en la montaña.

—Eres una verdadera kamikaze, Sherrill.

Y de repente vislumbró a lo lejos a Matías solo, sentado afuera de la cabaña que funcionaba como cantina. Corrió hacia él y le preguntó:

—¿Qué pasó con tu papá?, ¿cómo les fue?

—Me siento apenado con mi padre, me faltó paciencia y le grité. Voy a la montaña a desahogarme, a lanzarme de "sender". Dejé a mi padre en la cantina y le pedí un whisky.

—¿Quieres que lo intente? —preguntó con cariño y complicidad.

—No creo que quiera hacerlo más por hoy, fueron muchas caídas y la última estuvo muy fea.

—Bueno, lo voy a acompañar. No estuvo bien que lo dejaras solo.

—Tienes razón.

Se dieron un beso de entendimiento mutuo. Sherrill vio a Fidel sentado sin beber su whisky con la mirada perdida. Lo sorprendió por detrás, le dio un abrazo y un beso cariñoso en la mejilla, y actuó como si no supiera lo sucedido. Todo con esa mezcla de español e inglés que ya habían adoptado.

—¿Cómo les fue? —preguntó con una sonrisa que serenó a Fidel.

—Muy bien, gracias, me gustó mucho esto de esquiar —mintió Fidel.

—Vamos a descansar un momento y luego volvemos a practicar. Deje que ahora yo sea su maestra.

A Fidel no le quedó otra opción; estaba en su misión de ganarse el cariño de su nuera. Lo que pasó el resto del día fue un secreto que Fidel y Sherrill guardarían para el recuerdo cuando llegasen los nietos.

No lo llevó a la pista de entrenamiento en la que Matías instruía a su padre, sino directamente a la montaña para regresar a la camioneta. Le dijo a Madison que, por favor, esperara a Matías y luego los alcanzaran.

Al iniciar el recorrido, Fidel no entendía por qué en la montaña, pero le dio pena negarse. Avanzaba bastante más de lo que logró hacer con su hijo. Ahí el camino no estaba dividido en pedacitos como la pista de entrenamiento. Tomaba una velocidad que, estaba consciente, ya era peligrosa, y hacía la pizza que su hijo le había explicado para frenarse, pero al pegarse mucho a la orilla, caía estrepitosamente sin quejarse. Sherrill estaba sorprendida y muy alegre le gritaba: "Bien, doctor, muy bien. Vamos otra vez". Iban por tramos, en ocasiones largos, en otras muy cortos, y la caída se presentaba continuamente apenas se paraba.

De repente pasó un esquiador como bólido y le propinó una nalgada. Era Matías, que estaba gratamente sorprendido por lo que logró su querida novia. Matías y Madison descendieron a gran velocidad para disfrutar ese día, y Sherrill bajó despacio, con paciencia, acompañando a Fidel hasta que logró terminar.

Por la noche los cuatro, metidos en el *jacuzzi*, en el patio posterior de la cabaña con vista al lago y bajo la luz de la luna, tomaban vino blanco muy frío y brindaban recordando ese día.

Los demás días, Sherrill y Matías fueron a esquiar solos. Fidel no quiso acompañarlos. Las caídas del día anterior hicieron su trabajo y los novios respetaron su decisión. El equipo para esquiar lo habían rentado por tres días, de los que solo lo usó uno, pero no importaba; el recuerdo de lo vivido lo valió.

Mientras Sherrill y Matías esquiaban, Fidel disfrutaba de la soledad en la cabaña, con el frío exterior y el calor del fuego en la chimenea. Los ocho gatos no se le acercaban, al parecer algo le sabían a Fidel. De repente, el de color naranja, *Mango*, se le aproximó melosamente, se acurrucó y ronroneó con insistencia. En unos cuantos minutos, los ocho estaban con él en el sillón y sintió el alivio del perdón; su ama Sherrill se lo hizo sentir. Esto, sumado a la experiencia con su hijo, lo marcó. Con él no se repetirían más las enseñanzas agresivas de sus ancestros, sus nietos tendrían un padre mejorado que no copiaba lo malo de Fidel. Esa evocación, con el tiempo, le enseñó en carne propia que la edad es la edad y hay que aceptarla con actitudes positivas, ver lo bueno de cada etapa y no como discapacidad, sino como una oportunidad diferente; los achaques físicos que después se presentarían solo se lo recordaban.

La segunda enseñanza que fortalecería su sentir antes de hablar con Romina se dio el mismo día, horas antes de la llamada que recibiría por la noche. Durante su acostumbrada rutina con sus hermosas charas yucatecas, se sorprendió de que la parvada fuera más grande de lo acostumbrada, quizá más de treinta pájaros. No recordaba una tan tupida, y sin embargo el escándalo era más armonioso, entonado y con ritmo; eso sucede cuando el mensaje es más importante o decisivo. Fidel estaba embelesado y, como buen clínico, se percató de una gran diferencia en sus colores, aunque en todas destacaba el hermoso y característico azul turquesa de las alas. En este grupo vio una más pequeña que, en vez de tener el cuerpo negro, era de color blanco, conocida en maya como *chel*, por lo que supo que era una joven que hacía poco tiempo que había abandonado su nido, y como ave inexperta se dejó tocar por Fidel. Las más viejas, de pico negro, solo observaban, pero las más jóvenes, de pico amarillo, eran las más escandalosas y algo le querían decir. Siguieron comiendo el desayuno que Fidel les obsequiaba todas las mañanas, y no pensó en cuáles eran las más bellas, las de pico negro, las de pico amarillo o la pichona blanca, eso lo entendería al despedirse de ellas y sentarse a desayunar.

Ese día acudió su querida amiga Robertina, una empleada doméstica que lo auxiliaba una vez a la semana en la limpieza de su casa. Era muy cariñosa con Fidel, sabía muy bien de sus gustos y excentricidades, y muy temprano, mientras el doctor atendía a sus queridas aves, le preparó su desayuno con esmero. Primero su plato de papaya con sal y limón, después sus huevos estrellados con la yema tierna y la clara dorada, acompañados con guisado de hojas de chaya y frijoles refritos, y su café chiapaneco. Él se sentó como rey a disfrutar su almuerzo.

Robertina le avisó que esa mañana no lo acompañaría en su plática acostumbrada mientras desayunaban juntos, en que ella le compartía su problemas familiares y médicos, y siempre terminaba con una receta hasta para sus vecinos.

Fidel se quedó solo, pensando en la parvada.

Mientras disfrutaba sus huevos con chaya, sonó su teléfono. Era su hija Catalina:

—Papá, acabo de compartirte en tu correo un artículo que escribí sobre la física a la que me dedico en discusión con la metafísica de los filósofos. Me gustaría que me dieras tu opinión. Es un poco urgente porque hoy tengo que entregarlo para su publicación. Espero tus comentarios. ¡Te amo!

Y colgó.

El día empezaba bien. Tres buenas cosas seguidas, las charas yucatecas en una parvada mayor, su delicioso desayuno y su hija recuperada y con la necesidad de su opinión, pero, sobre todo, que al despedirse le dijera "¡te amo!".

Se levantó llevándose su taza de café a su escritorio, prendió su computadora y abrió el correo recién enviado.

Querido papá:

Te anexo un artículo de mi autoría en el que pretendo explicar la importancia de diferenciar entre la física y la metafísica, pero sin disminuir el interés, valor, significado y, sobre todo, la trascendencia de cada una.

El artículo me lo pidieron por mis conocimientos en física cuántica. Es un gran disparate que piensen que un físico puede opinar sobre metafísica o filosofía y viceversa. Nada tiene que ver, pero traté de explicarlo siendo muy amable con la revista que me lo solicitó. También les hago ver su desconocimiento de mis trabajos con mucha delicadeza.

Por cierto, con esa "mano izquierda" que no aprendí de ti, pero sí de mi mamá (es broma).

Te amo.

P.D. No tardes, me urge tu opinión "con tu mano derecha".

Fidel imprimió el documento y empezó la lectura con la misma disciplina que el estudio del famoso examen MIR le sembró y que ya no presentaría. Mientras lo leía, subrayaba con marcador amarillo lo que debía opinar. Al final, una vez que respondió el correo, algunas frases se le quedaron grabadas, sobre todo preguntas por contestar. Su hija, sin proponérselo, lo puso a meditar: "Conocer la verdad más profunda de las cosas porque son lo que son y, aún más, porque son. ¿Qué es ser? ¿Por qué estoy en este mundo?".

Por fin llegó el examen de Fidel para el que lo habían preparado las charas yucatecas: responder a la llamada de Romina y la noticia de su embarazo. Una vez que Romina le explicó, Fidel la felicitó. En verdad no le dolió, al contrario, se sintió feliz por ella, el pequeño por nacer, por su hermano Patricio; por Thiago no tanto, aún no lo conocía.

Ustedes habrán adivinado lo que la mente de Fidel razonó, esa insoportable levedad del ser. Él fue parte de ese ser que próximamente nacería; de no ser por Fidel, ella y Thiago no se hubiesen conocido y esa "charita yucateca blanca" por venir no existiría. Una vez que Romina se sintió tranquila y aliviada de confesarle a Fidel su secreto, platicaron como viejos amigos.

Lo más importante para aceptar la noticia sin dolor había sido la distancia y los más de siete meses de no ver a Romina. El amor por ella no se había acabado, pero había cambiado.

Ella le platicó sus planes de regresar antes de tiempo, tenía que conservar su trabajo en el hospital y viviría con Thiago en casa de su fallecida madre, por lo que le dijo que no se preocupara por la casa de las charas; eso después lo arreglarían. Le compartió emocionada su idea de introducir mantras de yoga en los recién nacidos prematuros en terapia intensiva, algo novedoso en el ya exitoso modelo NIDCAP (Newborn Individualized Developmental Care and Assesment Program), y así reduciría al máximo el estrés, de forma humanizada e individualizada, al proteger su neurodesarrollo en ese sistema nervioso inmaduro en proceso de rápido crecimiento.

Fidel la escuchaba y se sentía muy orgulloso, aún la consideraba "su Romina".

Ella, después de enterarse de la injusticia cometida contra Fidel en la inscripción del examen, le dijo: "Cuando el universo cierra una puerta es porque hay otra esperando que la abras. Todo estará bien, ya verás, no necesitas estudiar toda una residencia, tú sabes mucho, eso me consta. Estudia psiquiatría en forma autodidacta si es lo que te apasiona".

Su maestro Peña y ella le habían dado el mismo consejo, por lo que la duda le quedó sembrada. Aún no sabía de la demanda que gestaban Grisabella y Catalina.

Pasado el tiempo, Romina regresó a Mérida y se instaló en casa de su madre. Fidel no estaba enterado, ya no eran pareja.

Al llegar al hospital se solicitó su ayuda como cirujano en terapia intensiva neonatal, y al entrar se encontró de frente con Romina. No había forma de evitarla. Ella le sonrió de manera hermosa y Fidel fingió una indiferencia muy estoica, con una fortaleza e imperturbabilidad inexplicable, pero quedó encandilado, el embarazo la había embellecido de forma sorprendente.

Los días pasaban, las semanas, y casi dos meses después, en Fidel se inició una nueva ansiedad por Romina, una enfermiza y destructiva.

"¡Carajo, a mi edad y con estas pendejadas!", pero así era.

Por las mañanas, mientras atendía a las charas yucatecas en su ritual acostumbrado, ellas lo notaron. Después de mucho pensarlo, decidió pedir ayuda.

En otras ocasiones, cuando más le calaba la obsesión de mimetizarse con su padre, o antes de su divorcio con Victoria, acudió a psicólogos y psiquiatras que, en realidad, no funcionaron, hasta que recordó que la liberación de este sentimiento de culpa en una sola sesión había llegado gracias la añorada doctora Adriana, la pediatra y acupunturista venezolana.

Al salir de su guardia hospitalaria de fin de semana, y luego de entregar a sus pacientes como acostumbraba, se fue a casa. Ya era mediodía, a esa hora ya no vería a las charas yucatecas, que solo acudían muy temprano para despertarlo, excepto los lunes. Aunque no lo crean, los lunes no se presentaban. Se habían adaptado a la rutina del doctor. Pero sus vibraciones de angustia por Romina les llegaron y, sin aviso, aparecieron sin el bullicio usual. Habían desayunado en otro lado; los lunes eran de otro yucateco. Se posaron en la rama de un mango que resintió el peso y se inclinó. Solo lo observaban.

Fidel las veía y recordó lo que su madre le decía cuando había un problema, una frase anónima muy hermosa: "Un pájaro posado en un árbol nunca tiene miedo a que la rama se rompa, porque su confianza no está en la rama sino en sus propias alas". De inmediato contactó a su secretaria y le pidió suspender todas las consultas de la semana. La carga de trabajo la delegó en su querido compañero y amigo, el doctor Ponce, y no se sintió mal, pues su colega le había encargado a Fidel sus pacientes por casi dos meses cuando viajó de luna de miel, y eso ocurrió mientras estudiaba para su examen MIR, lo que más le caló.

Empacó su maleta y se dirigió a las bellas cabañas de Xpu-Ha, Quintana Roo. De nuevo, las excelentes anfitrionas, doña Noa y María Isabel, le asignaron la misma palapa. Sus hermosas nietas, Yumara y Naomi, se veían crecidas, eran como un árbol que dejamos de ver y al regresar está más alto.

—Es increíble cómo pasa el tiempo. Deja uno de ver a los niños unos meses y cambian sorprendentemente —les dijo a las ancianas.

—Así es la vida, mi querido doctor —le contestó doña Noa—, pasa muy rápido, por eso hay que vivirla, no sufrirla.

—Mi madre tenía una heladería y decía: "La vida es como un helado, hay que disfrutarla antes que se derrita" —completó doña María Isabel.

Una vez instalado, se presentó en la casa de la doctora Adriana, que también funcionaba como consultorio. Fidel no tenía cita y Adriana ignoraba que la visitaría. Él decidió esperar camuflado entre los que aguardaban, pues ella era muy solicitada. A la distancia la veía cada vez que se abría la cortina que funcionaba como puerta cuando su auxiliar llamaba al siguiente enfermo.

Casi cinco años sin verla, sin saber de ella, y la vida la había tratado como a los vinos guardados en una cava. No se teñía las canas y se veía más hermosa con el color negro de su cabellera tupida. Su mirada era serena, como la de una virgen pintada en una iglesia colonial, y su cuerpo bendecido por sus genes mulatos y su cintura finamente dibujada resultaban en una figura de porte elegante, esbelto y admirable.

Fidel no podía dejar de mirarla, y como estaba escondido entre el montón de pacientes, no dejó de hacerlo. Así la disfrutó como quien se sienta por horas en un museo a contemplar una pintura hermosa, clásica, única y especial.

Al terminar sus consultas, su asistente se despidió, no sin antes informarle que un doctor la buscaba, que tenía cuatro horas esperándola. Al verlo, supo de inmediato quién era.

—Fidel, qué gusto, qué agradable sorpresa.

Le obsequió un abrazo cariñoso sin beso, y le dijo que le gustaría presentarle a su esposo. A Fidel se le congeló la cara y se ubicó instantáneamente. Ella era una mujer muy equilibrada, muy segura de sí misma, la versión femenina de un maestro Peña. Aunque eso no anulaba que también sintiera algo en su corazón y se le erizara la piel al ver a Fidel. Era de carne y hueso, también funcionaba su sistema límbico, pero su sabiduría le indicó que requería una manera de defenderse, de protegerse contra sus instintos mundanos. Su manera de ver la vida, la fidelidad, el compromiso y la palabra empeñada eran conductas enraizadas difíciles de abolir, y sus vivencias la hicieron así, precavida y calculadora. No se permitía jugar con fuego y eso la hacía una mujer virtuosa, honrada, íntegra, con una nobleza y bondad admirables difíciles de superar. De ahí su éxito en la vida. No se permitía caer en egoísmos que a la larga dañaran a alguien.

—Fidel, quédate a cenar con nosotros. Diego, mi esposo, no tardará en llegar. Ayúdame a preparar la cena mientras platicamos.

Diego era un médico argentino de cincuenta y cuatro años, cinco años menor que Adriana y, por lo tanto, diez más joven que Fidel. Como muchos otros médicos latinoamericanos, Diego arribó a esta parte del territorio mexicano y a la comunidad de Playa del Carmen que recibe, como ninguna en el mundo, migración tanto de connacionales como de extranjeros: rusos, ucranianos, rumanos, estadunidenses y españoles. A simple vista, se pensaría que buscan nuevas oportunidades laborales, como el turismo; otros huyen de las guerras, o simplemente se enamoran de esta maravillosa tierra, con esa megadiversidad que les brinda imponentes paisajes naturales y ecosistemas únicos de fauna y flora envidiables. Pero hay algo más que llama enormemente la atención: ¿por qué médicos? Y ¿por qué mayores de cincuenta años? Y todavía hay algo más, es característico en esta parte del estado la abundancia de servicios médicos no hospitalarios diferentes a la alopatía, de parteras, curanderos y musicoterapeutas, sesiones de yoga, medicina integral, terapia de ayahuasca e infinidad de profesionales de medicina alternativa. ¿Qué les llama tanto la atención? Esta información, desconocida para Fidel, cambiaría totalmente sus planes.

Algo importante había ahí que hizo emigrar al gran maestro de la doctora Adriana, el acupunturista chino el Li Jie Tuo, quien llegó a Quintana Roo en 1988 a los sesenta años, y donde trabajó hasta su muerte, a los noventa, en 2018.

Cuando conoció a Fidel, Adriana no le había contado la versión completa de esta parte de su vida. Era cierto que llegó joven a Quintana Roo escapando de una relación conflictiva y agresiva con el padre de sus hijas, que había decidido emigrar como pediatra titulada a Quintana Roo en 2005, a los 40 años, e intentó conseguir trabajo en su especialidad, pero no logró homologar su título y los médicos mexicanos en aquel entonces la discriminaron y la denunciaron. Desesperada, con hijas pequeñas, consiguió trabajo como asistente del doctor Tuo, a quien le debía sus conocimientos de acupuntura. Incluso vivió becada por el maestro casi dos años en Pekín. El resto de la historia aún estaba pendiente de compartirla.

Al llegar Diego y ser presentado con el doctor Fidel, Adriana le sonrió con una mueca de complicidad. De inmediato su esposo identificó a su visitante; ellos, como pareja, no tenían secretos. Se conocían sus historias, lo que hubiese sido un halago para Fidel de haberse enterado que fue tema de conversación de la pareja, pues evidenciaba lo importante que fue en la vida de Adriana. Después de cenar y platicar intrascendencias, Fidel se despidió con la idea de no regresar. Adriana, como buena terapeuta, le dijo delante de Diego:

—Fidel, mañana te paso a ver. Invítame a desayunar y platicamos. Imagino que llegaste a las mismas palapas de la vez pasada.

Sorprendido, Fidel agradeció.

Diego le dio un fuerte apretón de mano y afirmó:

—Los amigos de Adriana, son mis amigos. Fue un gusto conocerte.

Por la mañana, Adriana recordó que tenía que ver a la directora del Hospital General de Playa del Carmen, su amiga y paciente, la doctora Blandón, quien le ayudaría a conseguir una cita pronta con la jefa de Ginecología, Lorena Cahuich, para ser valorada. Adriana, aunque experta en acupuntura, sabía muy bien que hay padecimientos que solo la alopatía puede diagnosticar y curar. Como médica general alópata antes que pediatra y ahora acupunturista, conocía muy bien su historia clínica, antecedentes y síntomas, y temía algo grave. Así como Fidel cayó en esa irresponsabilidad de algunos médicos de pensar que jamás enfermarán, hacía más de cinco años que Adriana no se había hecho la revisión obligada. Le llamó a Fidel y le cambió el lugar de la cita.

Fidel durmió muy bien. Se tomó dos tabletas de Tafil de 0.25 mg y una de melatonina de 5 mg, y con el silencio de la palapa, la oscuridad a la que solo la luna desobedecía y el ruido de las olas al ir y venir, visitó a Morfeo con permiso de la diosa Ixchel sin dificultad. Al llegar al Hospital General, se llevó una muy grata sorpresa. Era muy hermoso, aunque pequeño en comparación con el de Mérida en el que laboraba, donde no le faltaba trabajo.

Mientras aguardaba a Adriana sentado en la sala de espera, veía la agotadora rutina de la enfermera de recepción, quien tomaba los signos vitales de todos los enfermos que pasarían a consulta con los diferentes especialistas; ella siempre de buen humor, le calculó unos 60 años, y solo de verla trabajar así, pensó: "Esta señora es el clásico ejemplo de vocación, una Florencia Nightingale del siglo XXI". No faltaba el familiar o enfermo prepotente que exige pasar primero, y ella, sin engancharse en discusiones inútiles, con cariño, los tranquilizaba. Entendía que no era prepotencia sino preocupación por su enfermedad, siempre poniéndose en los zapatos de los enfermos.

Adriana salió de su consulta tranquila, todo normal, solo faltaba el resultado de su citología.

—¡Adriana! ¿Estás lista?

—Sí, muchas gracias por esperarme. Me da mucha pena contigo, la consulta tardó más de lo que pensé y tengo mi agenda llena. No puedo quedarme mucho.

—Pero tienes que desayunar. No importa que sea rápido, tú dime a dónde vamos.

—Frente al hospital hay un pequeño restorán, La cabañita, donde doctores y enfermeras suelen pedir sus alimentos; es muy sencillo, pero delicioso. La dueña, doña Sarita, tiene fama por su buen sazón, precios adecuados para médicos y pacientes de un hospital público y por su excelente atención.

Pidieron una taza de café y huevos revueltos con chaya que Adriana recomendó. No era posible platicar cosas muy personales, pues los asientos estaban muy pegados a los lados de una sola mesa larga y compartida. Se sentaron uno frente al otro y, aunque su plática fue informal, no impidió que con la mirada se dijeran lo mucho que ambos se alegraban de verse, eran todas las miradas guardadas de la noche previa que ninguno se entregó por la presencia de Diego.

Fidel le indicó que le daba mucho gusto verla casada y feliz, que la recordaba con mucho cariño y agradecimiento y que su terapia le había cambiado la vida.

—¿Por qué me buscaste así, de sorpresa?

—Es un tema largo y no tienes tiempo.

—No te preocupes, ya me avisó mi asistente que atrasó las consultas dos horas, tengo un poco más para charlar.

Fidel le platicó su historia para reinventarse como psiquiatra y su fracaso, pero había algo más que ahí no le podía decir.

—Necesito consultarte y que me ayudes nuevamente.

Adriana lo citó por la noche para atenderlo una vez que terminase sus consultas. Solo le pidió que no tomara alcohol y que comiera tarde en caso de requerir ayuda de un té para que el efecto fuera mayor.

—Te noto muy estresado.

Al llegar la noche, Adriana se encontraba sola. Fidel preguntó con curiosidad:

—¿Y Diego?

—Le pedí que nos dejara solos. Aquí el importante es el paciente y su presencia te incomodaría. Él regresará hasta mañana.

Fidel se sorprendió, era una respuesta inesperada, pero muy deseada. La consulta empezó con un ritual muy protocolizado, la norma en sus consultas con pacientes con problemas del alma o del pensamiento, muy diferente de cuando el problema no era psíquico.

Ella apagó las luces, prendió una vela y la varita de incienso. Le pidió honestidad en su ansiedad y dolor.

—Cuéntame todo, no te calles nada. Soy toda oídos, no hablaré hasta que termines.

Fidel le platicó con detalle su historia con Romina y el hecho que ahora le angustiaba: tenerla cerca, aún quererla como mujer y que ahora, con el niño que estaba por nacer, perder ese espíritu de lucha que siempre lo caracterizó, sabiendo por su historia con don Arnulfo la importancia del padre.

—Me cuesta mucho trabajo permanecer en el hospital sabiendo que ella está ahí, muy cerca. Necesito que, por favor, me ayudes con esta necedad que me atormenta. Ese té mágico que me diste la vez pasada, junto con tus agujas y las frases que me dijiste para mi padre mientras me toqueteaba la cara con golpecitos de los dedos me aliviaron, tal vez si hacemos lo mismo con frases para Romina funcione.

Adriana le explicó que para ese dolor no había té ni agujas de acupuntura que sirvieran.

—El té de la vez pasada era para dejar descansar a los muertos, pero Romina está viva, y mientras exista una esperanza, puedes luchar por su amor. La única cura para esto, si no quieres luchar, es la distancia y el tiempo. Mírame a mí, a pesar de mi promesa con mis maestros chinos de no involucrarme con mis pacientes, el día que te retiraste después del beso estuve a punto de ir a buscarte. A los tres días fui a las cabañas y ya no estabas. No quise investigar tu dirección y preferí que el destino lo decidiera. Si hubieras regresado, estarías aquí, conmigo, pero el tiempo, la distancia y Diego me curaron. No es correcto que busques a otra mujer, que un clavo saque a otro clavo. Diego llegó de manera inesperada, sin buscarlo, era lo que el destino me tenía reservado.

Con esta confesión, Fidel entendió la verdadera levedad del ser. Recordó a su exmujer, Victoria, que antes de ser él su pareja, tuvo una relación de más de cuatro años con

Carlos Miguel, veinte años mayor que ella, y el no poder tener hijos fue una de las razones por las que terminaron. El destino se la guardó. De no haber sido así, no existirían sus queridos Matías y Catalina. Fidel empatizó con Carlos Miguel y con Thiago. Tal como su querido maestro Peña les decía: "La estrella de la película es el pequeño niño enfermo, no el cirujano", y decidió poner fin al asunto siguiendo la receta de Adriana: la distancia y el tiempo. Se sintió muy agradecido con ella, y antes de despedirse le preguntó:

—¿Puedes contarme qué contenía ese maravilloso té chino con el que me curaste de la mimetización con mi padre y con el que por fin lo dejé descansar?

Adriana lo pensó con mucha cautela antes de responder. Era un secreto profesional que no a cualquiera se le comparte, pero como se enteró de su deseo de ser psiquiatra, se lo confesó:

—Pon mucha atención, esto que te platicaré, si no lo haces, te lo guardas. A nadie se lo cuentes, y si te gusta mi propuesta, te orientaré.

Con mucho detalle, bajo la penumbra de la vela y el efluvio de la pajilla de incienso, Fidel escuchó sin interrumpir.

—Quiero que sepas que el té no era chino, sino un elixir preparado con una mezcla especial de las bebidas sagradas mayas: el balché y el saká. Esta poción se prepara con elementos naturales únicos del territorio maya. El balché, vino sagrado, elaborado con la corteza de ese árbol, tiene efectos psicotrópicos indescriptibles para purificar a quien lo toma y aumentar su estado de conciencia; el saká, pozol sagrado, se hace con nixtamal medio cocido. Así es como los mayas, desde hace más de cinco mil años, con su visión sacralizada opuesta al mundo profano, buscaban lo subjetivo, lo que no se ve pero es verdadero, lo mágico y místico. Con el tiempo fueron perfeccionado las dosis según cada problema del alma, del espíritu y del pensamiento, al mezclarse con diferentes plantas de esta tierra, dependiendo de lo que se busca, siempre disueltas en agua hervida de río no contaminado o de un cenote. La corriente del río cristalino y purificado continúa subterráneamente y descansa en los cenotes después de haber visitado el inframundo. Los espíritus de las personas que ahí reposan son parte de estos psicofármacos, de ahí que en Quintana Roo solo usemos el agua de un cenote. Hay algo más importante: estos medicamentos siempre se administran en una ceremonia especial bien establecida para cada padecimiento. Es muy diferente a lo que los alópatas disponemos, fármacos que se toman en cápsulas, tragadas con agua sin ninguna ceremonia que las acompañe.

Fidel pensó en ese momento en su experiencia con el LSD, pero no habló, obedeciendo a Adriana no la interrumpió.

—Bueno, Fidel, todo esto que te conté es bien conocido en China desde hace tiempo, por eso mi maestro acudió a Quintana Roo a aprender de los mayas, y después me mandó a Pekín a estudiar acupuntura y a entregar las fórmulas que aquí aprendió. Los chinos, con su cultura milenaria, tienen una visión muy diferente a la de los conquistadores europeos. En vez de saquear riquezas materiales e imponer su lengua y sus costumbres destruyendo lo existente, tratan de aprender de los otros para aumentar su conocimiento.

Los mayas, luego de la conquista, protegieron sus costumbres, idioma y religión. Sus pirámides, cuevas y cenotes sagrados fueron ocultados en la selva, cubiertos de tierra, y las plantas que crecieron con el tiempo los camuflaron. Solo los verdaderos autóctonos que aún se conservan y que en su mayoría están en la selva de Quintana Roo los conocen y transmiten su saber de generación en generación. Mi maestro fue de las primeras generaciones de estudiantes de esta psicofarmacología maya. El curso arrancó con las nuevas generaciones de jóvenes mayas que eran bilingües (maya-español) y que estudiaron medicina alópata en las universidades del sureste. Al madurar y adquirir los conocimientos de sus abuelos, decidieron de modo inteligente, a mediados del siglo XX, establecer los requisitos para ser aceptados. Los herederos de esta magna información, la mayoría ancianos, no estuvieron de acuerdo, temían que en este mundo tan comercializado se prostituyera su ciencia espiritual que les costó siglos de intuición, entendimiento, discernimiento, cultura y educación.

Fidel la escuchaba incrédulo. Su mente alópata y formada según el método científico bien aprendido en sus clases de fisiología médica, bioquímica, microbiología y patología, le hacían ver esto como charlatanería. ¿Qué dirían Galileo, Vesalio, Harvey, Darwin, Mendel y Pasteur? Al mismo tiempo, había experimentado en carne propia su eficacia. Cuántas consultas con psiquiatras y psicólogos tuvo para intentar curarse de la muerte de su padre y, sin embargo, los mayas en una sesión lo lograron. Adriana continuaba, llena de recuerdos de su maestro, el doctor Li Jie Tuo.

—Para los mayas, como para la mayoría de las culturas mesoamericanas, los ancianos son considerados como los más sabios, conocedores de la verdad y los más adecuados para transmitir el saber y las tradiciones ancestrales, y para decidir el destino de la comunidad por su experiencia y cultura. Son "la herencia sagrada". Mi maestro Li Jie llegó a Quintana Roo hablando muy mal el español y nada de maya; a pesar de eso, logró ser aceptado. Ahora, mi esposo y yo estamos en espera de concursar, aunque aún no podemos por la edad. Se acepta un alumno por año, y entre los requisitos irrevocables e inapelables está el de ser mayor de 60. Tú ya los cumpliste, puedes hacerlo.

Fidel no podía creerlo. Ahora tendría doble tarea: alejarse de Romina y decidirse a estudiar psicofarmacología maya. El resto de los requisitos aún no los conocía. Adriana se los compartiría en caso de querer concursar. Era un examen muy diferente al MIR, pues en este el examinador era uno mismo. La decisión de ser aprobado dependía de la propia conciencia, de la conducta durante esos más de 60 años de vida. Los mayas tenían un té y un rito para hacerles decir toda la verdad en una ceremonia de examen muy rigurosa. La mayoría de los postulantes salían autorreprobados.

6.
Mometasona intranasal

Reinventarse o morir, el tren Maya

Las charas yucatecas acudieron todos los días al jardín de Fidel mientras estuvo de viaje en Quintana Roo; en verdad que lo extrañaban, y no era por falta de alimento, pues en su ausencia habían encontrado su sustento con el vecino del doctor, don Edén, quien todas las tardes surtía de croquetas a sus finos perros que vigilaban su terreno y se asombraba: "¡Caray, estos perros están creciendo mucho!, cada día piden más".

Cuando regresó Fidel, notó, por el contrario, que sus charas ya no comían como antes. Se preguntaba si estarían enfermas o si ya no les gustaban las migas de pan, pero se veían cada vez más sanas. Las croquetas de los perros les encantaban, y como eran de muy buena calidad, estaban mejor nutridas. Se habían reinventado.

Fidel acababa de realizar una cirugía compleja en el Hospital O'Horan de Mérida, Yucatán, a un recién nacido con atresia de esófago, un caso que requería un manejo posoperatorio complicado en el que la norma para una buena evolución era hacer equipo con los neonatólogos.

La estrecha colaboración con Romina como la neonatóloga responsable, y su pasión y entrega al enfermito, hicieron que su admiración por ella creciera desmesuradamente y su amor se hiciera intolerable.

Fidel era muy necio y siempre lograba sus objetivos en el amor. Así había conquistado a Victoria y a Romina la primera vez, pero en esta segunda ocasión, al verla más hermosa por el embarazo, esto le causaba ansiedades y arrepentimientos: "¿Por qué tuve miedo de tener un hijo con mi Romina?". Ya no era válida esta duda. Ese niño ya existía y no era de él, pero el pequeño o pequeña merecía una familia, él podría ser el padre, aunque biológicamente no lo fuese. Si Romina se lo pidiera, empeñaría su palabra para ser un padrastro ejemplar. El obstáculo más importante que le impedía luchar por ella era verla tan enamorada y no de él.

Decidió, entonces, poner distancia de por medio. Se comunicó con la doctora Blandón, la directora del Hospital público de Playa del Carmen, Quintana Roo, y le solicitó un cambio a su hospital. Como no contaban con cirujano pediatra, lo aceptó de inmediato. Ella misma aceleró los trámites burocráticos para que el doctor fuera transferido.

Fidel no tuvo el valor de despedirse de su Romina. Le dejó una carta que la entristeció y le provocó un llanto imparable. Sintió algo inexplicable que a veces les pasa a los hombres enamorados del amor, pero ahora ella, como mujer libre e independiente, también lo experimentó y se preguntaba: "¿Por qué no se puede tener dos esposos?". Sabía que Fidel lo hacía por su bebé, porque, de lo contrario, lucharía por su amor, lo que, en la vida real, fuera de sentimentalismos, hubiese sido muy incómodo para ella.

Abandonar el Hospital O' Horan, en el que dejó su juventud, no le causó tristeza a Fidel, ahí se quedaban esos años junto con los niños que atendió. Ahora seguiría haciendo lo mismo, pero en otro lugar.

La doctora Adriana González, la acupunturista, y ahora su amiga y mentora, le consiguió en Playa del Carmen una hermosa casa de un solo cuarto, como si fuese un estudio, cerca del hospital. Además de cama, escritorio, baño y cocineta, estaba rodeada de un jardín natural con la vegetación nativa de Quintana Roo, la hermosa selva maya.

Fidel pensó que las charas yucatecas no lo seguirían hasta ahí, pero se equivocó. Nadie podría asegurar que fuera el mismo grupo u otro, ya que estas aves están en toda la península de Yucatán.

La directora del hospital, la doctora Carolina Blandón, lo presentó con el jefe de Pediatría, doctor Humberto Espejel, pediatra especialista en cardiología y terapia intensiva, lo que tranquilizó a Fidel, ya que podría hacer cirugías en niños graves sin tener que trasladarlos a otro hospital fuera de sus cariños, costumbres y casa.

Los padres de los niños enfermos en las comunidades mayas siempre buscan lo mejor para curar a sus pequeños, y cuando no se les da este servicio en un hospital cercano, terminan mendigando en las calles aledañas al hospital lejano al que fueron referidos, pierden sus trabajos y, a la larga, las familias quedan destruidas en el largo peregrinar para aliviar las enfermedades de sus hijos.

El doctor Humberto lo presentó con cada uno de los médicos del equipo, la mayoría mujeres, pediatras muy bien preparadas. Pero al conocer el área de terapia intensiva neonatal, no pudo evitar pensar en Romina. Las neonatólogas lo sorprendieron por su capacidad y preparación, y algo llamó su atención: todas eran Rominas cuando pasaba visita a esa unidad, con las lámparas siempre apagadas, en esa oscuridad solo interrumpida por el resplandor de los monitores, como luces en un árbol de Navidad en una noche de paz. El silencio era muy vigilado, solo se prendían las luces y el ruido aumentaba cuando por necesidad había que hacer maniobras urgentes, como catéteres, intubaciones traqueales, exanguinotransfusiones y maniobras de resucitación. Así los prematuros podían soñar con sus pequeños pensamientos mientras crecían y se aliviaban, tal como su Romina lo hacía.

Pasados unos meses, Fidel había operado a más de cinco neonatos y todos con muy buena evolución posoperatoria a pesar de salir fríos y hemodinámicamente inestables del quirófano. "Sus Rominas" los curaban haciendo un equipo de manejo envidiable para cualquier hospital del mundo. Fidel se sentía acompañado y la rutina del trabajo poco a poco le hizo olvidar su ansiedad amorosa.

Se enteró de que Romina dio a luz a una hermosa niña y que todo había salido bien, con lo que dio vuelta a la página y puso fin por el momento, como le dijo Adriana, pues "mientras una esperanza exista, no terminará", recordando la historia de la novela de García Márquez, *El amor en los tiempos del cólera.* "Espero que, cuando muera Thiago, yo aún siga vivo".

Con el tiempo, el corazón de Fidel se fue recuperando y encontró, entre sus neonatólogas, una nueva musa para escribir poemas. Se repitió la rutina de antaño, un amor en silencio, escondido y misterioso solo para inspirarse y escribir.

Amalia Durán, neonatóloga de Jalisco, tierra de don Arnulfo, poseía unos ojos muy hermosos y con gran fama en México, "los ojos tapatíos", negros, grandes y redondos, con pestañas largas, delgadas y rizadas que protegían su hermosura y que, al verlos, aunque fuera de reojo, uno se perdía en su iris viajando en suspiros interminables. Ella, además, había estudiado canto y guitarra en un convento católico cuando, de adolescente, quiso ser monja. En el convivio de bienvenida de los médicos a Fidel cantó algunas canciones con las que alegró la pequeña reunión. En esa fiesta nació esa inspiración y fantasía de Fidel por ella.

Ella dejó de ir al hospital. Fidel se enteró de que fue atendida en Urgencias por dolor abdominal y que, al final, requirió cirugía de la vesícula biliar. Estuvo incapacitada un tiempo y su ausencia entristeció a Fidel, pero eso no impedía que le escribiera poemas en décimas:

Décimas para Amalia

En un hospital en Playa,
hay una hermosa doctora,

y que también es cantora,
sus atributos explaya
y mis dolores soslaya.
A los más pequeños sana
y sus males los resana.
Así los recién nacidos
con su amor son uncidos
y su dolor lo afana.

Un día la vi saliendo,
iba muy apresurada,
me regaló su mirada
y me dejó sonriendo;
ese día no lo vendo.
Al hospital ya no viene,
pues una enfermedad tiene.
Aquí ya la extrañamos
y su regreso armamos,
ya que a los niños conviene.

Amalia ya no regresó. Renunció. Se fue con su familia a Guadalajara, pero dejó en Fidel una estela de recuerdos de amor y paz. Amalia pasó así al grupo de las obsesiones olvidadas de Fidel, junto con Victoria, Adriana y Romina. Al igual que su padre don Arnulfo, descansaban de su obsesión.

Fidel estaba bien adaptado al Hospital General de Playa del Carmen, se sentía útil y muy querido, sus compañeras del hospital se lo demostraban. Un día, muy temprano, mientras caminaba por los pasillos del hospital, se topó con Adriana y la directora Carolina, venían de la consulta con la jefa de Ginecología, la doctora Lorena. Ambas se veían muy contentas, les habían dado buenas noticias, sus estudios estaban normales. Adriana había recuperado la tranquilidad que da saberse sana. Al enterarse de que no tenía nada orgánico, pensó que ella misma podría curar sus síntomas con las agujas de acupuntura, era más autosugestión que enfermedad. Esto pasa a menudo entre los médicos que, por conocer tantas enfermedades, cuando presentan algún síntoma parecido a un padecimiento, se vuelven medio hipocondríacos; es la regla de los galenos, tal como le pasó a Fidel al estudiar para el examen MIR. De ahí que, entre compañeros, se diga que el peor paciente de un médico siempre es otro médico.

Fidel no perdió tiempo y antes de que se retirara invitó a Adriana a desayunar en la ya conocida Cabañita, con doña Sarita. En esa ocasión, al ser tan temprano, la mesa estaba vacía. Médicos y enfermeras acuden una vez que pasan visita y se cumplen las indicaciones en los tratamientos de los enfermos, hasta entonces desayunan. El ayuno prolongado es la regla en médicos y enfermeras.

Adriana se veía hermosa, como siempre, pero Fidel ya no tenía esa sensación de algo perdido, de una carencia por la que tendría que luchar, y eso lo aprendió de las charas yucatecas. Cambió de lugar para vivir y otras charas llegaron a suplirlas, igual de cariñosas y escandalosas; no que unas sean mejores que otras, todas son diferentes a pesar de ser charas. Así que se alegró y sonrió, con el corazón lleno de los recuerdos de sus amores. De cada una aprendió algo y a todas les dio su mejor versión para ese momento. Nadie es dueño de nadie, libres todos como las charas yucatecas. Ahora Adriana era su compañera y amiga, y como tal le dijo:

—Fidel, le he platicado al encargado de Salud del pueblo maya, el doctor Jacinto Canul, tu deseo de concursar para estudiar psicofarmacología o herbolaria maya en la psique. Quiere conocerte antes de que te proponga como candidato. Él es un médico alópata internista que, una vez jubilado, concursó para esta especialidad y, desde hace dos años, fue nombrado jefe de Salud de las comunidades mayas en México —Yucatán, Campeche, Quintana Roo, Chiapas y Tabasco—. Te conseguí la entrevista para el próximo sábado por la mañana; tengo que ir contigo, es la condición.

A Fidel le sorprendió que Adriana tomara la decisión sin haberle consultado. No obstante, le agradó la noticia y le despertó cierta curiosidad.

—Y cuéntame, ¿por qué pensaste que yo aceptaría?

—Te conozco, Fidel, y sé lo que estás buscando. Estoy segura de que te aceptarán.

Llegó el día. Acudieron al pueblito de Solferino, ubicado en el municipio de Lázaro Cárdenas, Quintana Roo, donde se encuentra el árbol milenario, "el gigante de Solferino", una ceiba de más de treinta metros de altura y un tronco de diez metros de diámetro. El doctor Canul meditaba en una pequeña palapa antes de hacer las entrevistas, pues este árbol es sagrado. La ceiba conecta el cielo con sus ramas, la tierra con su tronco, y el inframundo —el Xibalbá— con sus raíces, con sus antepasados mayas, sus maestros de la medicina ancestral.

Antes de empezar, Jacinto se presentó:

—Qué gusto conocerte, Fidel. Soy egresado de la Facultad de Medicina de Mérida, unos quince años más antiguo que tú. Después realicé medicina interna en el Instituto Nacional de Nutrición en la Ciudad de México, y toda mi vida trabajé en el Hospital General de Chetumal, Quintana Roo. Ahí tuve contacto con las comunidades mayas de Quintana Roo y Belice, y al ganarme el cariño de mis pacientes, fue como me enteré de esta comunidad de médicos mayas, quienes me recomendaron con los responsables, los fundadores de esta idea. De forma inteligente, no quieren que se acaben sus conocimientos médicos, y respetando la medicina alópata han decidido compartir su saber, pero con sumo cuidado para no prostituirla.

"A partir de entonces se han abierto plazas para estudiar y conservar sus descubrimientos para el servicio de su gente. Desde hace más de treinta años se ha aceptado a médicos extranjeros y mexicanos no mayas a través de un autoexamen, en el que uno mismo se aprueba si logra demostrarse a sí mismo su honestidad en los conocimientos médicos. Los requisitos están muy bien establecidos.

La única manera de conocer la probidad de estos médicos requiere muchos años de trabajo para así tener una historia con que autoevaluarse, por eso la edad mínima de ingreso es de mayores de sesenta y que aún continúen ejerciendo como médicos alópatas. Para la cultura maya, los ancianos son guardianes de la sabiduría y tienen un papel trascendental en la preservación de estos conocimientos para que no se pierdan nunca y, sobre todo, para que no se corrompan ni envilezcan.

"Este requisito de ser mayor de edad ha continuado inalterable, otros se han modificado con el tiempo por lo difícil de cumplirlos cabalmente, como saber hablar maya en forma fluida, que no se anula, pero se permite aprenderlo sobre la marcha".

Fidel lo escuchaba con atención. Como si fuera una clase, tomaba apuntes para no olvidar las preguntas que le iban surgiendo conforme Jacinto le explicaba.

—Pero ¿cómo es que uno se autoevalúa? Uno podría mentir con tal de ser aceptado —replicó.

Antes de recibir respuesta, se escuchó en el cielo un rugido, como de un jaguar, lo que los alertó. Pero no, se trataba de un mono aullador en la parte más alta de la ceiba, la que conecta al hombre con el cielo.

—Es imposible engañar. Hay una ceremonia previa, un ritual con una limpieza inicial del alma y, tras beber un elixir preparado para ser honesto, se les hacen preguntas sencillas, según la especialidad alópata que se ejerció durante su historia. El que examina es otro médico alópata que conoce todas las triquiñuelas de la deshonestidad.

Y continuó:

—No todas las especialidades requieren ser médico alópata; la que tú quieres, sí. Esta regla de ser médico alópata habla del valor que los buenos galenos hemos ganado ante la visión de los ancianos mayas, ya que, al conocer la gama de las enfermedades y la experiencia que da el trato con los enfermos, saben que no se hará daño al conocer los límites de su papel curativo, cuándo actuar y cuándo no, cuándo acudir a la ciencia clásica no sacralizada; la nuestra es opuesta a lo profano. Tú, como cirujano, sabrás que un abdomen agudo no se cura con elixires; sin embargo, me contó Adriana que ya experimentaste en ti los beneficios de este conocimiento en la psique, cuando dejaste descansar a tu padre. Te diré que a mí me pasó lo mismo con mi hermano mayor. Cuando murió, mis padres me pusieron el mismo nombre y crecí con la obligación de ser como era mi carnal —Jacinto continuó, Fidel ya no interrumpía—.

”Yo, como encargado de conservar los conocimientos de la medicina tradicional maya, debo defender sus principios y bases: aquí se ve al paciente como un todo integral en cuerpo, mente y espíritu, se agrega este último, al que los alópatas no tomamos en cuenta. Estos conocimientos los basamos en la cosmopercepción maya, algo muy complejo que aprenderás en tu “residencia médica” y que puedo resumir como la regla de mantener un adecuado equilibrio entre las fuerzas frías y calientes, las personas, la naturaleza, las divinidades y el cosmos. Tendrás que cambiar muchos conceptos arraigados como alópata, aprenderás a compaginarlos; con el tiempo los harás tuyos. Conservarás una armonía externa con los demás seres humanos, la naturaleza y la religiosidad maya. Formarás parte de los estudiosos y maestros guardianes del conocimiento y encargados de transmitir la herbolaria medicinal maya. Como yerbero, sabrás hacer mezclas individualizadas según las propiedades medicinales de las plantas frías o calientes. Son recetas específicas para cada persona, como el té que te dio Adriana, ese se preparó exclusivamente para ti.

"Hay otras especialidades en nuestro sistema de sanidad maya en las que hace cinco años decidimos aceptar extranjeros y mexicanos sin sangre maya, en las que el idioma es requisito indispensable. Aquí la edad no es tan estricta, desde jóvenes hasta ancianos, pero a mayor edad es más fácil ser aceptado: masajistas tradicionales, hueseros, parteras y pulsadores —los que diagnostican a través del pulso conectándose con la voz que viene del corazón—".

Y terminó preguntándole:

—¿Quieres concursar?

—Sí, por supuesto.

—Bueno, te programaré para examen dentro de seis meses. Aunque no es requisito saber maya, tienes que estudiarlo para que entiendas a los ancianos sacerdotes (los *J'meen*). Estudia el *Popol Vuh* y la cosmología maya a la perfección, de memoria, para que sepas cómo contestar. Adriana te compartirá los libros que te recomendaremos de estos temas; uno de ellos yo lo escribí. Sigue trabajando en tu hospital como cirujano de niños para que acumules más vida trabajando y así tus respuestas tengan más valor.

Fidel preguntó:

—Sé que, a lo mejor, no es ético preguntar esto, pero, aquí entre médicos, ¿me podría compartir un ejemplo de alguien que no haya sido aceptado?

—Claro, sé que esto quedará enterrado y de ti no saldrá.

Y se lo compartió.

—Hubo un candidato ideal para cursar psicofarmacología maya de la psique que no fue aceptado. Con este caso tendrás una idea más clara y así harás un examen de conciencia y sabrás si con el té que te daremos tendrás la oportunidad de aprobar.

"Hace unos cinco años se presentó un médico muy famoso; no te diré su nombre. Un psiquiatra de la Ciudad de México con una trayectoria impresionante, que había publicado muchos libros y artículos de psiquiatría en revistas indexadas, que fue maestro titular de la residencia en psiquiatría, presidente de sociedades médicas y del consejo de la especialidad, investigador del nivel más alto en el Sistema Nacional de Investigadores. Se realizó la ceremonia, bebió el elixir y se le pidió que dijera en que falló al juramento que emitió como médico. Nadie le preguntó nada técnico, pues ninguno de los examinadores tenía su especialidad ni conocimientos. Empezó a hablar y solo sentenció: "¡No estoy aprobado!". En seguida se le preguntó: "¿Se puede saber por qué?". "Es una larga lista —respondió con serenidad y arrepentimiento—, pero resumiré: a muchos pacientes los receté sin una indicación verdadera, en ocasiones solo por ganar puntos con el laboratorio que patrocinaba mis becas, los congresos en Europa, viajes en vuelos de primera clase y hoteles de lujo. A otros pacientes que ya conocía y tenían un diagnóstico claro y necesitaban otra receta firmada para continuar su tratamiento, no se las daba si no pagaban una consulta; jamás di una consulta por labor social con el pretexto de un falso principio de terapia psiquiátrica: 'para no hacer lazos de amistad e involucrarme sentimentalmente con mis pacientes', un invento de los psicólogos que adopté por conveniencia, rebajando mi principio hipocrático de médico con una función social y adoptando la simplicidad por comodino y no por compromiso, 'los psicólogos siempre cobramos, como cobran los fotógrafos o cualquier trabajador' —y terminó confesando—: La verdad es que quiero aprender de estos medicamentos mayas para patentarlos y volverme millonario".

Ahora sí le había quedado muy claro a Fidel.

—Así será tu examen. Tú pensarás que él ya sabía esto antes de tomar el té, ¡pues no! Muchas veces nuestros motivos reales nos los ocultamos sin darnos cuenta. Si logras ingresar, y una vez que tus prosectores te sientan seguro, habrá un nuevo ritual, aproximadamente en dos años, una ceremonia en la que se te hará un exhorto, así ganaras "el título", no en papel, no un número de cédula, sino con un reconocimiento de la comunidad como yerbero de psicofármacos mayas. Estudia mucho, haz un examen de conciencia previo, y si consideras que no aprobarás, no te presentes. Solo avísanos una semana antes para no preparar tu ceremonia. Hay preguntas que los médicos mayas te haremos y sabrás responderlas si estudias. Estas respuestas, aun si las contestas correctamente, si en tu historia previa discrepan mucho de las tradiciones, la religiosidad y cosmovisión maya, tú solo, y nadie más que tú, te autorreprobarás. Los sinodales mayas en esta ceremonia solo dirigiremos el examen, pero el resultado lo emites tú.

Fidel no dejó de pensar que, estando en preparatoria, cuando un maestro les entregaba un examen y les decía: "¡Autoevalúense!", todos hacían un poco de trampa y se calificaban mejor de lo que realmente merecían.

Y con la historia del psiquiatra autorreprobado, recordó por similitud una de las enseñanzas de su maestro Peña, quien les explicaba: "En todos los hospitales hay una lista clandestina, no escrita, que solo es conocida por los enfermeros quirúrgicos, instrumentistas y anestesiólogos. Ni siquiera los cirujanos la conocen. Cuando uno requiere ser intervenido como médico o como familiar de un médico, se vuelve muy importante. Hace diez años me detectaron un pólipo en la vesícula biliar. Como médico, conocía la posibilidad de tener cáncer, así que, para no vivir en la incertidumbre, decidí operarme. Como ignoraba la existencia de esa lista, busqué muchas opciones basándome en el currículo de los cirujanos, número e importancia de los artículos médicos publicados, jefes de servicio en sus hospitales, maestros titulares de la materia, presidentes de sociedades y consejos de certificación de sus especialidades. En mi lista filtrada después de mi exhaustiva investigación, vacilaba entre dos médicos de la Ciudad de México. Para decidirme le pregunté a mi nuevo anestesiólogo, con el que llevaba tres años y que antes había trabajado en el Hospital General de la capital del país, y conocía a muchos cirujanos laparoscopistas prestigiados: '¿Con cuál de estos dos cirujanos te operarías de la vesícula biliar?'. Su respuesta fue contundente: 'Honestamente, con ninguno de estos dos. Los he visto y les he conocido muchas complicaciones y deficiencias. Te recomiendo mejor al doctor Alberto Montalvo, él trabaja aquí, en el Hospital General de Villahermosa, es muy responsable, muy seguro, jamás le he visto una complicación grave y, cuando algo sucede, como a todos nos pasa, sabe resolverlo con seguridad'. Al investigar su currículo, no tenía artículos publicados, nunca había sido jefe de servicio alguno, era un cirujano operativo en las guardias nocturnas del Hospital General y, por las mañanas, en el Centro Hospitalario del Sureste. No me quise quedar con la duda, así que les pregunté a otros anestesiólogos y a las enfermeras instrumentistas de la Ciudad de México y de Villahermosa; ellos me corroboraron la lista de quién sí y quién no. Los médicos internistas en adultos y los pediatras médicos en niños también tienen su lista clandestina, ya que ellos manejan el posoperatorio y saben qué tan comprometidos son los cirujanos". Después de platicar esta historia, el maestro Peña sentenciaba a sus alumnos: "Así que, cabroncitos, ustedes aparecerán en esas listas y yo preguntaré por cada uno", y terminaba su mensaje.

Fidel ya adulto y recibido, requirió un cirujano para doña Clarita, su madre, por fractura de cadera. Con esa lista clandestina decidió con quién operarla. Y con ironía y sarcasmo se preguntaba: ¿cuál será mi lugar en esa famosa lista?

Así terminó la entrevista en Solferino. Ya tenía fecha de examen, resultado que no se le dio en España: ¡aceptado para presentar el examen!

Fidel empezó a estudiar con interés al mismo tiempo que trabajaba como cirujano pediatra en el hospital de Playa del Carmen, aunque, la verdad, no con el entusiasmo con el que se preparaba para el examen médico en España.

Con el tiempo ratificó que el grupo de charas yucatecas no necesitó entrenamiento para despertarlo todas las mañanas por su alimento, por lo que estaba casi seguro de que eran las mismas de su jardín en Mérida, o se transmitieron la información a través de una compañera chara comisionada como paloma mensajera. Nunca lo sabría.

En cuanto a sus medicamentos, desde que le dieron la noticia de que no presentaría el examen MIR, bajó la dosis de metilfenidato de 20 a 10 mg, le caía muy bien el medicamento, por lo que no lo suspendió por completo. Con esa dosis tenía suficiente para trabajar y estudiar. Además, cuando la dosis era alta, por las noches necesitaba su Tafil de 0.25 mg para dormir. Mientras estudiaba la lengua maya recordaba con ironía que, cuando estuvo enfermo de su obsesión por ser como su padre, se mimetizaba con todo, y como Arnulfo no sabía inglés, él se negó a aprenderlo. Ya de grande, al estudiar medicina y darse cuenta de su error por la gran cantidad de bibliografía en esa lengua, le costó mucho esfuerzo hablarlo y leerlo lo suficiente para entender los escritos médicos. Ahora le sucedía lo mismo con el maya. ¡A estudiar!, todos los días, se lo propuso. Tenía que memorizar cincuenta palabras al día, aunque no siempre lo cumplía. Avanzaba paso a pasito, no sentía la presión del examen español puesto que él mismo se calificaría. Un vicio de estudiante difícil de borrar, la necesidad de tener la presión de la competencia.

El diccionario maya que estudiaba y que le recomendó Adriana estaba escrito con letras del alfabeto latino, era maya peninsular o yucateco, pues hay muchas variantes del maya original. Fidel conocía algo de tzeltal y tzotzil de cuando realizó su servicio social en Chilón, Chiapas.

En el pasado, antes de la colonia, la escritura era con jeroglíficos que actualmente muy pocos pueden leer. La oralidad a través de generaciones logró conservar la lengua. El alfabeto maya consta de cinco vocales para cada una de las cinco que conocemos, en suma tiene veinticinco vocales: cortas, largas con tono bajo, largas con tono alto, glotalizadas y rearticuladas.

Después de un mes de estudiar, como buen alópata decidió aumentarse nuevamente la dosis de metilfenidato, pero para evitar los efectos colaterales compró el de liberación prolongada. En ocasiones, cuando la información se acumulaba, tomaba un refuerzo extra por la mañana de 10 mg (30 mg en total).

Adriana lo sentenció cuando le dio instrucciones para estudiar: "Tendrás que borrar todos tus archivos de religiosidad católica que aprendiste desde la infancia. Todo es muy diferente; cosas que ahí son malas y vicios, aquí son buenas y son virtudes". Se lo decía con sus palabras, con su vocabulario muy suyo, con el que lo conquistó aquella mañana en la playa de Xpu Ha: "No sigas las reglas del católico, aunque las tengas grabadas, porque no te ayudarán a caminar. Los nuevos conocimientos mayas te iluminarán los pensamientos aun en la oscuridad de la noche. Estarás construyendo lo que ahora serás; tu pasado quedará como un recuerdo. Podrás saltar al abismo sin miedo, hacerlo sin el freno de tus recuerdos y tus engramas, volarás libre. Aprenderás un nuevo valor como médico, entenderás que, a veces, para los moribundos, la curación es un castigo. Serás respetuoso con la naturaleza, y si el paciente viaja en forma irremediable al inframundo, ayúdalo a morir con dignidad".

Eran demasiados conceptos y conocimientos mágicos no profanos, nuevas formas de entender la vida que le hacían sentir que su mente quería volar libre como sus queridas charas yucatecas, y como toda la nueva información estaba encerrada en los huesos de su bóveda craneana, a veces sentía que le explotaría. Pero su capacidad de retentiva aumentaba, así como el espacio para acomodarlos gracias al metilfenidato. Esto a veces le impedía dormir, y entonces recurría al Tafil, pocas veces aumentó la dosis, trataba de ser responsable y no volverse adicto.

Mientras estudiaba los temas, no solo aprendía nuevas formas de ver la vida, también cuestionaba la información acumulada durante más de sesenta años. El tema de la sexualidad entre los mayas era totalmente diferente a sus conocimientos y principios aprendidos en las escuelas católicas desde joven. Mientras avanzaba, concluía que la doctora Adriana González tenía razón al advertirle que se trataba de un esfuerzo por limpiar su archivo para dar cabida a lo nuevo.

La identidad y las preferencias sexuales eran mucho más fluidas, los mayas eran más abiertos. Aquí el sexo no solo representaba la reproducción de la especie, tenía el valor del placer como necesidad biológica, pero muy unida a su cosmovisión, a ese mundo mágico y sacralizado. Un acoplamiento de dos cuerpos fusionados y diferente de lo usual era el placer y el amor de dos seres humanos sin especificar el sexo; para ellos, el amor no tenía género. La palabra homosexual no existía. Cuando los conquistadores españoles vieron esto, vociferaron contra la sexualidad de los mayas. Estos conocimientos hablaban de una libertad sexual; la masturbación era un arte de educación para compartir el placer con sus dioses. Recordó con enojo cuando, de joven, sus profesores religiosos católicos los hacían sentirse culpables por masturbarse y los ponían a autoflagelarse por pecadores.

La parte reproductiva era aún más mística. En Uxmal la lluvia brotaba de figuras gigantes de madera en forma de falos que esparcían el semen como lluvia fertilizadora para la cosecha del maíz. Había un capítulo muy suyo: en ciertos eventos era obligatoria la ausencia de relaciones sexuales y la masturbación, cuando el cuerpo no debería expresarse o no debía estimularse; la abstinencia era muy importante para acudir a las festividades religiosas de los mayas, esas sensaciones se dejaban para después, los dioses tenían prioridad.

Fidel estudiaba ahora el valor del prepucio para los mayas, esa cobertura natural era parte de la cosmovisión del falo, un órgano único dado por los dioses. Un concepto muy diferente al que tenían los egipcios en su religión y, con el tiempo, católicos, judíos y musulmanes en sus respectivas creencias, en las que el prepucio se retira mediante la circuncisión en edades tempranas, cuando el pene es exclusivamente para orinar, y que en la actualidad ha tomado fuerza debido a ideas mal entendidas de higiene.

Recordó sus vivencias durante su labor social como médico en Chilón, Chiapas, al explicar a las madres la necesidad de hacerles ejercicios a sus hijos en el prepucio, la mentada sinequiotomía (liberación manual de las adherencias normales entre el prepucio y el glande) con un razonamiento equivocado de higiene, usando el alcalino y agresivo jabón. Ahora ya lo entendía y nunca más lo hizo. Una madre tzotzil le dio un manazo a Fidel para defender a su pequeño de esta absurda costumbre médica cuando intentó liberar las adherencias por un quiste de esmegma —sustancia lipídica estéril, normal—. Al no entender la molestia de la madre, el doctor Agustín, director de la clínica rural, le decía a cada médico designado para realizar su año de labor social: "Aquí, con los tzeltales y tzotziles aprendí el respeto al prepucio y a la naturaleza. Los curanderos de las comunidades me refutaban la necesidad de los ejercicios del prepucio con argumentos tan sencillos y claros que todo médico sensato adoptaría. Sin embargo, la necedad alópata a veces peca de soberbia, influida por la conducta del *magister dixit* en las grandes ciudades, y sobre todo por las religiones católica, judía y musulmana. Pero no solo es cuestión religiosa, también copiamos la costumbre del vecino del norte, donde el responsable de esta actitud tenía nombre y apellido: el cirujano adventista John Harvey Kellogg, quien promovió la circuncisión sin anestesia alguna como castigo para evitar la masturbación en niños, y el daño al clítoris en las mujeres con fenol para evitar que se estimularan. Para los mayas, en cambio, la masturbación era natural y necesaria.

El curandero les decía a los padres y madres con sencillez cuando pensaban que el joven médico que realizaba labor social en su comunidad tenía razón al indicarles que su hijo requería circuncisión o sinequiotomía. Siempre les hablaba con respeto y le daba su lugar al alópata debido a la gran necesidad de contar con su servicio para sus enfermos, pero en este tema era inamovible. Les decía:

—Señora, los pequeños varones nacen sin dientes, de tamaño pequeño, unos 50 cm, y con el prepucio cerrado; eso es lo normal. Si su doctor le dice que su recién nacido no tiene dientes, y que, por lo tanto, es necesario hacerle unas cortaditas en la encía para que le broten, ¿usted qué diría?

La madre, con enfado al verse tratada como ingenua o ignorante, contestaba:

—¡Por supuesto que no!, sus dientes le saldrán solos.

—Muy bien, señora. Y si el mismo doctor le sugiere que hay que amarrarlo de la cabeza a un árbol y los pies a un mecate con una gran piedra durante unos treinta minutos al día para que se estire y ayudarlo a crecer, ¿usted que le contestaría?

—¡Por supuesto que no!, él crecerá solo.

—Bueno, pues igual lo hará el prepucio. El pene de su hijo, pequeño por ahora, es solo para orinar. Todos los niños lo tienen pegado, el prepucio se abrirá solo, como el botón de una flor, y será diferente en cada uno; en la mayoría, al llegar a la pubertad, ya se habrá abierto. Quererlo liberar o bajar antes de tiempo es tan absurdo como pretender abrirles la vagina a las niñas, no permita que se lo toquen. Manipularlo le producirá una lesión que sangrará, una cicatriz que entonces sí requerirá ser liberada por cirugía, además de probables infecciones.

Con el tiempo, ya como cirujano, Fidel corroboró la veracidad de estos conocimientos que se observan en las comunidades mayas; es muy raro que los adultos mayas requieran circuncisión. El respeto a la naturaleza es premisa principal.

Las circuncisiones que Fidel debió realizar después tenían como causa la práctica de los mentados ejercicios. Y algunas por cuestiones religiosas de padres judíos o musulmanes.

Mientras hacía memoria, se cuestionó: "Tal vez al tomar el té me reprobaré yo solo por haberlas realizado". En su consciente se disculpaba: "el papá me la pidió, eran judíos, etc.". Pero ahora estas excusas le sonaban huecas. Recordó cuando un padre justificaba hacerle la circuncisión a su hijo porque a él también se la hicieron de niño. Con el nuevo conocimiento se reprochaba: es como justificar cortarle un dedo a un niño porque el papá no lo tiene, o recetar una droga innecesaria porque "si no se la doy yo, otro se la dará". En fin. Terminaba: "Déjate de soliloquios, ¡a seguir estudiando! y que el examen lo decida".

Tenía pensamientos continuos, entre ideas nuevas, recuerdos viejos y creencias cuestionadas, durante el día y bajo el efecto del metilfenidato voluntario; y por las noches, en sus sueños, el inconsciente involuntario ayudado por el Tafil, hacían trabajar su mente en forma acelerada. Parecía el cerebro de un neonato prematuro queriendo volver a empezar. Necesitaba platicar y expresarse con alguien que lo escuchase, ya no se sentía cómodo con la doctora Adriana, y Romina, por el momento, no existía en su vida.

Después de meditar, recordó a su amiga, la psiquiatra catalana Grisabella, pensó que a ella le podría contar las dudas, ansiedades y monólogos que lo atormentaban. Estaba encajonado en un mundo que, a veces, le hacía sentir como un hombre arcaico que se perdía en ese universo mágico religioso que, durante muchos años, cuestionó. Ahora, sin embargo, tenía dos vivencias muy fuertes y reales que le hacían dudar de la veracidad de su entrenamiento científico: la primera con el LSD, sorpresivamente, y la segunda, con el té de balché y saká. La gran diferencia radicaba en que esta última se dio mediante la intervención de un ritual mágico y con mucha espiritualidad. Quería sentirse cómodo con la idea de esa transformación. Muchas palabras conocidas y sin importancia en el pasado ahora las repetía todo el día y soñaba: cielo, tierra, agua, viento, fuego, lluvia, relámpago, astros, vida, luna y tinieblas. Su vocabulario crecía, no solo por el nombre, también por un significado nuevo: árboles (la ceiba); maíz, hongos (alucinógenos); animales (serpientes, aves, jaguar, murciélago, y uno nuevo: caracol). Un valor ya conocido, pero no comprendido, la vida dedicada a los dioses. Un contrato que tendría que firmar el día de su examen ente el hombre Fidel y sus dioses nuevos.

Decidió darse un descanso. Por la noche le habló a su hija, hacia más de seis meses que no sabía de Catalina. El teléfono sonaba y no contestaban. Colgó y pensó intentarlo más tarde. Después de insistir tres días, esa ansiedad o sexto sentido de los padres lo llevó a pensar en buscarla en persona. No sabía a quién llamar para preguntar por ella, fueron muchos años de lejanía y ahora respetaba su privacidad. Era difícil para Fidel saber si Catalina había visto sus llamadas y no quería contestarle, tal vez ella ponía sus límites por la mala experiencia que recordaba de un padre controlador cuando era adolescente, o si estaba ocupada y no era por desamor que no le respondía.

Fidel no quería ser un padre tóxico otra vez, y tal vez solo tenía expectativas imaginarias con su hija por su acercamiento reciente que lo alegró, pero quizá nada había cambiado y Catalina estaba arrepentida. Tal vez regresó la confusión de su hija y no quería un padre amigo. Era difícil no sentir un desaire, un dolor difícil de explicar para aquellos que no tienen hijos. ¿Cuántas llamadas o cuantos mensajes se consideran demasiados? Para un padre no hay límite, pero Fidel ya la había perdido en una ocasión y no quería que aquello se repitiera. Los nuevos estudios de conocimiento maya, aunque incipientes, ya le habían hecho asimilar una premisa básica: no hagas suposiciones. Si tienes dudas, pregunta.

A veces inferimos y nos ahogamos en nuestras propias inseguridades. Sé impecable con tus palabras. No te tomes nada personalmente. Haz siempre lo máximo que puedas. Y lo más importante para aplicar con Catalina: ¡No hagas suposiciones! No des nada por sentado; si tienes dudas, pregunta. Estos conocimientos Fidel los aprendió en la bibliografía que Adriana le compartió para su examen, entre ellos el libro del doctor Miguel Ruiz, *Los cuatro acuerdos,* sobre la sabiduría tolteca, civilización mesoamericana que habitó en el centro de México, en el valle del Mezquital, estado de Hidalgo, influencia que penetró hasta la península de Yucatán en la cultura maya.

Fidel decidió ir a buscarla, llegar de sorpresa, tal vez eso la hiciera feliz. Después de todo, ella no le hablaba, pero él tampoco lo hizo, ensimismado en sus problemas desde que se fue de Mérida a Playa del Carmen.

Tomó el avión y, en vuelo sin internet, no vio las llamadas de Catalina que se reportaba. Al llegar al nuevo aeropuerto Felipe Ángeles, encendió su celular y, con sorpresa, vio cinco llamadas perdidas. De inmediato le marcó.

—Papá, ¡qué bueno que me hablas! Me tenías con el pendiente, como nos decías de adolescentes: "Me tuviste con la boca seca".

—Tienes razón, hija. No contestaba porque tenía el celular apagado durante el vuelo.

—¿A dónde volaste? Hace más de seis meses que no sé de ti.

Fidel estaba emocionado, su niña se había preocupado, y además le reclamó no saber desde que se cambió a

Quintana Roo. Esperaba una llamada de ella para informarle, pero el tiempo pasó.

—Tengo mucho que platicar contigo, hija. Todo el tiempo que no te hablé estuve ocupado en mudarme de casa y de trabajo. Se me pasó el tiempo y esperaba tu llamada. No quise ser inoportuno ni un papá tóxico, como me reclamabas.

—Ay, papá, qué cosas dices. Invítame a tu nueva casa y te visitaré; yo también tengo muchas cosas que platicarte.

Fidel le informó que acababa de llegar a la Ciudad de México y que, si quería, en ese instante la alcanzaba donde le dijera.

Mientras se desplazaba en el transporte público, se reía por dentro del temor que sintió de volver a perder a su hija, y de que ella lo buscara preocupada. El recién adoptado principio maya de no suponer y mejor preguntar revelaba su utilidad.

Visitar a su hija lo serenó y lo recargó de energía positiva para seguir estudiando, pero se enteró de otra novedad:

—Papá, hace tiempo mi amiga Grisabella y yo presentamos una demanda en la Comisión Nacional de Derechos Humanos en México y otra en el Ministerio de Sanidad de España por la discriminación de que fuiste objeto por tu edad. Yo la firmé en tu nombre.

—No estaba enterado, nadie me informó —respondió sorprendido.

—Lo sé, papá, no quisimos decir nada hasta ver si avanzaba el trámite. Hace tres días Grisabella me informó que sus contactos en España habían estado presionando mucho y que, al parecer, se te autorizará a presentar el examen para el próximo concurso. Tienes que seguir estudiando, aunque no sea seguro que lo presentes, pero si te aceptan, no puedes reprobar. Les estarías dando la razón. Grisabella me pidió que no dejes de hacerlo, ¡estudia mucho, por favor!

—¿Y qué contestaron a la demanda en México?

—Nada, papá, dicen que no procede porque nadie te negó la entrada por la edad, sino porque ya tienes una especialidad.

Fidel se quedó mudo. Ellas desconocían su nuevo plan y no se lo podía compartir. Al verlo dudar, su hija le dijo:

—Sé que a lo mejor ya no quieres hacerlo, que ya perdiste el interés, pero de ti dependen muchas cosas. La más importante es abrirles las puertas a otros adultos mayores que quieran hacer una residencia médica —y agregó con sarcasmo, copiando la misma frase que Fidel usaba con ella cuando no estudiaba el violín—: "Recuerda, el que tiene la vocación no requiere presión para estudiar; si te gusta en verdad —me decías—, no hay necesidad de obligarte, se hace por gusto". ¿Te acuerdas? Ahora sí, papá, ¡demuestra que quieres ser psiquiatra!

Fidel se quedó paralizado. No podía traicionar las palabras que tanto tiempo les dijo a sus hijos. Se las tendría que tragar todas, quería que su princesa se sintiera orgullosa de su padre. Recordó el ejemplo que su maestro les compartió en una sesión del servicio de cirugía.

Después de terminar su residencia de Pediatría médica en el Hospital O'Horan, Fidel y Geovanny concursaron para el entrenamiento universitario de cirugía pediátrica en el Hospital Infantil de Villahermosa. El servicio de cirugía de niños de este nosocomio tenía mucho prestigio, y ser alumno del maestro Arturo Peña era un privilegio que pocos tenían. Cada año atendían a la convocatoria aproximadamente quince aspirantes y solo había tres plazas disponibles. El primer lugar lo había obtenido el doctor Logan Berry, un joven egresado de uno de los hospitales infantiles más afamados del país en Monterrey, Nuevo León. Su currículo era impresionante: primer lugar de su generación en Medicina y en Pediatría, hablaba a la perfección alemán gracias a su madre, inglés por su padre, y español por haber crecido en México; además, tocaba el violín como un profesional, herencia de su madre.

Fidel y Geovany lograron entrar, ya que ese año fueron admitidos cuatro residentes en primer año, lo que nunca había pasado. Fidel en tercer lugar y Geovany en segundo. La residencia médica era muy demandante y en todos los exámenes parciales Berry obtenía la calificación más alta. El doctor Arturo Peña tenía grandes expectativas para su alumno estrella. Pasados unos seis meses de haberse iniciado como residentes de cirugía infantil, en la sesión que se realizaba cada lunes en la que se presentaban los casos por operar en la semana con previa bibliografía y revisión del tema por los residentes, el doctor Peña les compartió la novedad:

—Queridos alumnos, les tengo una noticia triste. Su compañero, el doctor Berry, presentó su renuncia —todos quedaron sorprendidos. Y continuó—: Cuando me entregó formalmente su decisión de abandonar la especialidad, no se la acepté hasta que me convenciera de que no había alguna presión que lo obligara y que, de ser así, se le ayudaría para que no abdicara. En ese momento le aseguré un futuro muy prometedor como cirujano. Como su maestro, ya había entrado a varias cirugías con él de primer ayudante, y en algunas ya como cirujano. Su habilidad e inteligencia en el quirófano eran envidiables. Y ahora, mis queridos residentes, les compartiré lo que me dijo y el motivo por el que, de inmediato y sin obstáculo alguno, acepté que se marchara: "Doctor Peña, llevo mucho tiempo meditando esta decisión, no es un arrebato del momento. Le voy a explicar lo más claro posible cuál fue el motivo por el que decidí desistir de ser cirujano pediatra. Cuando termina mi guardia, solo pienso en irme a casa, ver una película, dormir y cenar, o tal vez leer un buen libro o tocar mi violín. En ocasiones, antes de salir, algún residente de años superiores me ofrecía: 'Llegó un niño con apendicitis, ¿quieres operarlo?'. Esta propuesta, en vez de hacerme feliz, me provocaba rechazo, pero me quedaba porque se vería mal que rehusara tal oportunidad. Cuando me comparo con mis compañeros, veo que se emocionan y no solo se quedan a una cirugía fuera de su guardia, a veces regresan cuando saben que llegó un caso interesante; entre nosotros nos hablamos y ellos nunca faltan. Yo, en cambio, no voy. En mi última guardia llegó un neonato con abdomen agudo por atresia intestinal. Les hablé a mis compañeros por compromiso, ya que ellos siempre me informan, y todos acudieron. Los veía entusiasmados, pero yo no siento lo mismo, maestro. Incluso uno de mis compañeros sacrificó dos días de vacaciones para no 'perderse' la cirugía de transposición colónica que usted realizó; eso yo no lo hubiese hecho. Me di cuenta de que no tengo vocación de cirujano. Muchas veces, en la guardia, desearía no recibir urgencias, contrario a lo que mis compañeros prefieren. Me tomaré unos meses para hacer mi solicitud en otra subespecialidad pediátrica".

El doctor Peña, una vez que nos compartió esta historia, nos dijo la moraleja: "Los felicito a ustedes, porque Berry me hizo sentir orgullo de la conducta que muestran, y eso se llama ACTITUD: lo más importante es desear y sentirse cirujanos. La otra ya se trae y no requiere esfuerzo, es la APTITUD, y Berry era pura aptitud y nada de actitud. La cirugía no es para todos. Los cirujanos somos un grupo muy privilegiado". Y para cerrar su sermón sentenció: "No a todos les gusta el vodka con caviar, algunos prefieren una torta con Coca-Cola, como su excompañero Berry".

Una vez que recordó esta historia, Fidel le dijo con compromiso a su hija Catalina:

—¡Claro que estudiaré! Y si me dan la oportunidad de concursar, lo aprobaré para ganar la plaza de residente en psiquiatría.

—Lo sabía, papá —exclamó con admiración—: Le informaré a Grisabella y te mantendremos informado.

Fidel se tomó un descanso con su hija y pasearon por el nuevo parque de Chapultepec, era impresionante lo hermoso que estaba. Fueron al zoológico de la Ciudad de México y ella recordó cuando su papá los llevaba de pequeños al parque Centenario en Mérida, con las hermosas jirafas, ella sentada en los hombros de su papá como un caballo, él tomando sus tobillos para asegurarla como si fueran los estribos en una silla de montar. "¿Aún me aguantarás?", le preguntó Catalina y le dio un abrazo muy cariñoso. Fidel le recordó los abrazos cósmicos que aprendió de Romina.

Ahora tendría que redoblar esfuerzos. Solicitaría presentarse a dos exámenes, la vida lo estaba empujando a reinventarse totalmente, psiquiatría alópata y herbolaria y psicofarmacología maya. Se dijo: "Tengo que poner el ejemplo y así lograr no solo mi cometido, sino, más importante aún, abrir esta puerta a otros como yo".

Así pues, la dosis de metilfenidato quedó fija en 30 mg, una de 20 mg de liberación prolongada y otra de 10 adicional por la tarde como refuerzo.

Su vida transcurría muy ocupada. Estaba en un dilema, estudiar para los dos exámenes a la vez, o para uno, seguro el maya, y después, aceptado o no, empezar a estudiar para el examen en España. El metilfenidato le daba la energía para hacerlo, pero las horas de un día no se podían prolongar, así que la respuesta le llegó como anillo al dedo.

Grisabella lo contactó:

—Doctor Fidel, me acabo de enterar de que su hija le informó de lo que hemos estado peleando. Ya no se trata solo de usted, si lo logramos, y usted saca una excelente calificación, le estaríamos abriendo las puertas a muchos adultos mayores, pero si reprueba, todo estaría perdido.

Tendríamos que darles la razón y seguirían con su discriminación absurda. No solo se fallaría a usted. Lamento tener que ponerle esta presión extra. Quiero que sepa que, personalmente, estoy muy involucrada. Hay una asociación en España que lo está defendiendo, y estamos casi seguros de que lo lograremos, pero también cabe la posibilidad de fracasar. Necesito que estudie y se arriesgue.

—Estoy enterado de eso y ya decidí retomar mi rutina.

No le podía hablar del otro concurso por el que peleaba.

—El Ministerio de Sanidad de España publicó recientemente la versión completa del examen que no se le permitió presentar y las respuestas las darán a conocer pronto. Le mandaré el examen, por favor contéstelo con las reglas que ahí se indican. Mis compañeros en España me comentaron que fue un examen largo y complicado, quiero ver cómo le va.

Así lo hizo Fidel. Siguiendo las reglas establecidas, respondió el cuestionario y se sintió seguro a pesar de haber dejado de estudiar hacía más de cuatro meses. A la semana de habérselo enviado resuelto a Grisabella, salieron las respuestas. Ella lo calificó y Fidel obtuvo un 7.8 de calificación.

Grisabella lo contactó y le dijo que en estadística y genética había tenido muchos errores, y lo conminó a redoblar esfuerzos.

"Ni modo —se dijo a sí mismo—, tendré que estudiar para los dos exámenes a la vez".

Mientras estudiaba la cosmovisión maya, se recriminaba el tiempo que la culpa cristiana le impidió ser libre;

se reprochaba que, por esta manera de ver la vida, se hubiera perdido la oportunidad de formar una familia con Romina. Recordaba que en su vida pocos días estaban libres de la culpa, la mayoría de sus recuerdos estaban impregnados de esa sensación de vivir bajo la carga de la deuda, le había robado la alegría de vivir y le había interrumpido la paz en sus relaciones amorosas. Era una actitud egocéntrica, porque con la culpa solo se piensa en lo malo que es uno, con desánimo crónico. "Satanás nos domina", ¡qué pendejada! Cuántos años perdidos. Sentirse culpables cuando no lo somos. "¡No me chingues!", exclamaba. "Por mi culpa, por mi culpa, por mi gran culpa", dándose golpes de pecho para ironizar sus pensamientos de joven.

"El yugo de la culpa no me dejó ser feliz", se decía mientras veía lo hermoso de la cosmovisión maya, el amor a la naturaleza, a la vida. Fidel empezaba a entender lo maravilloso que era vivir sin culpa y a deshacerse de la perspectiva de que todos nacemos y cargamos un pecado, "el pecado original", y a partir de ahí a sentirse culpables para así obtener el perdón. ¿Perdón de qué? ¿Confesarnos con quién?

Dios perdona a los que se arrepienten y ponen su fe en el "amor a Cristo", palabras que ahora veía vacías, gente mala que pedía perdón y sus delitos les eran perdonados, y ¿el daño? En fin, el tiempo pasaba y su examen se acercaba.

Fidel seguía preparándose para un examen que, nuevamente, no estaba seguro que le dejarían presentar. La discriminación por su edad no tenía importancia para las autoridades españolas en salud, a pesar de eso, no perdía un solo día sin repasar los temas y nuevamente se encontraba en buenas condiciones para salir airoso en caso de que la oportunidad se presentara. No podía fallarse, y menos a su hija y a otros compañeros de la tercera edad. También estudiaba para el otro examen que ya estaba programado, y faltaba muy poco para presentarlo.

Mientras esto pasaba, se le ofreció una nueva aventura amorosa, una en la que la culpa cristiana ya no lo frenaría para tomar una decisión de vida. Sus nuevos conocimientos mayas lo habían curado.

Su antigua profesora de yoga, la señorita Magnolia, había sido hospitalizada por un cuadro depresivo con intento suicida. En un acto de desesperación había ingerido un frasco entero de tabletas de Clonazepam. Sus vecinas la habían llevado a Urgencias del Hospital O'Horan de Mérida, donde le realizaron un lavado gástrico, la estabilizaron y pidió que Fidel se hiciera responsable de ella. No quería saber nada de Plutarco, su novio. Lo que no sabía era que Fidel ya no laboraba en este hospital y que se había cambiado de ciudad, a Playa del Carmen, Quintana Roo. Tener conocimientos de yoga no la hacía inmune a un cuadro depresivo, y al no encontrar a Fidel, le avisaron a Romina. Ella, como mujer y con conocimientos de yoga, encontró las palabras precisas para tranquilizarla. Después de escucharla y saber su historia, decidió notificar a Fidel, ya que sabía del cariño que se tenían. De no haber sido su pareja, tal vez hubiese existido una historia que contar entre ellos, cosas que las mujeres sienten cuando su pareja platica con otra mujer, miradas, sonrisas y vibraciones que viajaban en el viento cuando estaban juntos. Romina lo notaba, lo sabía, y alguna vez se lo dijo a Fidel.

—Fidel, no quiero que sientas que estoy celosa, pero no me gusta como ves a Magnolia. Sé más discreto, no solo me incomodas a mí, creo que el novio de tu amiga también lo nota.

—¿Cómo crees, mi amor? Magnolia es solo mi maestra de yoga. Gracias a ella, mi espalda y mi flexibilidad han mejorado, así tú y yo podemos hacer el amor sin freno. Romina acababa por reír y tranquilizarse, pero, en realidad, hizo lo posible porque Fidel dejara esas clases y así volvió la calma. Esa amistad de Fidel y Magnolia quedó guardada. Ella estaba enamorada de Plutarco, con el que decidió hacer su vida, y Fidel se enamoró cada vez más de su Romina. Ahora que esta tenía una hermosa hija y una familia con Thiago que la hacía muy feliz, no dejaba de pensar cariñosamente en Fidel. Al saber con detalle el problema de Magnolia, pensó que a Fidel le vendría bien este reencuentro.

—Fidel, hace tres semanas hospitalizaron a Magnolia. Tuvo un intento suicida, no sé los detalles —mintió—, pero creo que una llamada de tu parte le haría bien.

—Gracias, Romina, hoy mismo la contactaré.

Fidel abordó de inmediato el nuevo y famoso Tren Maya (*Tsímin K'Áak*) de Playa del Carmen a Mérida, y mientras veía el paisaje de la selva, no dejaba de pensar en el día en que viajaba abrazado de su Romina en el tren de Austria a Hungría, esa hermosa historia en la que logró la reunión con su hermano Patricio.

Durante el camino sintió un vacío en el estómago, una ansiedad insoportable por la casi segura posibilidad de ver a Romina. Al llegar a Mérida, fue a visitar a su madre, doña Clarita, que acababa de cumplir noventa años. Hacía más de ocho que no la veía ni le hablaba. Sabía que estaba bien porque, como dicen, "las malas noticias llegan rápido; no tener noticias es buena noticia". Su hermano mayor, Humberto, era quien veía por ella. Siempre fue el consentido y tenía comunicación con Fidel; le platicaba lo bien que estaba su madre.

Doña Clarita tenía una característica muy particular, era una mujer independiente y selectiva en sus cariños. Tenía una frase que la definía: "Si alguien no quiere estar conmigo o no quiere saber de mí, lo respetaré. Yo tampoco quiero saber de él". Era muy orgullosa y nunca le rogaba a nadie por amor; sin embargo, una vez que la otra persona se acercaba, actuaba como si nada hubiese pasado. Tenía una madurez y una inteligencia emocional admirables. Y Fidel había tenido una discusión con ella cuando decidió divorciarse de Victoria. Al enterarse Clarita, le dijo: "Ah, qué tarugo muchacho. ¿Por qué actuaste así? Estás dejando lo más por lo menos, no encontrarás una mujer como Victoria. Solo te digo que el que se está divorciando eres tú, no yo. Para mí, Victoria es mi hija y la madre de mis nietos".

Fidel tomó como pretexto esta situación para dejar de ver a su madre. Ahora, con la cosmovisión maya y el respeto a los adultos mayores, sintió la necesidad de visitarla.

Al llegar, vio con mucho cariño y respeto a su querida madre, quien se veía muy bien de salud. Ella lo recibió como siempre, como si lo hubiese visto ayer, sin recriminar nada. Se abrazaron y con eso se dijeron todo.

Lo invitó a desayunar. Le sirvió sus famosos huevos con chaya que la abuela materna de Fidel le enseñó a cocinar, y los famosos frijoles de Guadalajara, cuya receta familiar, guardada como un secreto, su suegra Conchita le compartió solo a la esposa de Arnulfo. Clarita fue muy inteligente cuando la promesa se dio el día de su boda: "Hija, ahora que te casas con Arnulfo, te daré la receta que me pediste".

Arnulfo le decía a Clarita, ya casados: "Nadie prepara los frijoles de Guadalajara como mi madre", y eso le molestaba en su orgullo a la madre de Fidel. Así pues, ella, sabiendo las mañas y promesas no cumplidas de su suegra con cada esposa de sus hijos, a quienes hacía el mismo falso ofrecimiento, fue más temeraria y astuta. Frente a Arnulfo, y estando los tres en la cocina, le dijo a Conchita: "Vamos a prepararle unos frijoles de Guadalajara a tu hijo, yo te ayudo. Así sirve que veo cómo los haces, porque no soy buena siguiendo las recetas escritas". Mientras Arnulfo leía el periódico de ese día, las dos mujeres así lo hicieron. Ahora Clarita actuaba igual que su suegra, a nadie le daba la receta, pensaba morir con el secreto y que la enterraran con los restos de Arnulfo y el secreto de los frijoles.

Ese día, Clarita memorizó la receta y siempre la preparaba a solas para que nadie la viera. Así la aprendió: "Freír un chile serrano y dos tortillas en manteca de cerdo hasta que queden doradas. Dejar enfriar esa manteca impregnada del sabor de las tortillas quemadas y el chile. Agregar a la grasa los frijoles peruanos ya cocidos y machacarlos sin llegar a hacerlos puré, cuidando su sazón con una pizca de sal de mar. Deben quedar caldosos. Aunque le escribió la receta, no se sabrá nunca ese secreto que solo pertenecía a Conchita y ahora a Clarita. Lo que sí recordaba Fidel con cariño, era cuando su madre ponía a los hermanos a limpiar los frijoles de piedras y gorgojos, a los que mataban aplastándolos con las yemas de los dedos. Le llamaba la atención que les pidiera poner los gorgojos aplastados en un traste. En eso consistía el secreto, en el gorgojo que agregaba al final.

Ella le dijo a Fidel que se sentara a la mesa y, una vez servido el plato, iba aventando al comal tortilla por tortilla recién hecha, así era la costumbre heredada de su madre, la abuela doña Paz.

Fidel estaba feliz con su madre, lo hacía sentir en casa, sin reclamos ni reproches. Mientras desayunaba, le platicó su reciente experiencia:

—Ay, hijo, vengo feliz de haber viajado con tu hermano en el Tren Maya. Fuimos a todas las zonas arqueológicas de mis ancestros, es un recorrido que no te puedes perder. Lo más emocionante fue que, cuando paramos en Palenque, le dije a tu hermano que llevaba el libro que escribió mi expresidente López Obrador y que quería ir a La Chingada, a ver si tenía suerte y me lo firmaba. Me recibió con mucho cariño. No era la única que lo buscaba, es un ser muy humano, cariñoso, sencillo, en una palabra: excepcional. Vengo feliz. Y así, mientras le enseñaba el libro *Gracias*, Fidel pensaba que el tiempo para presentar su examen se estaba agotando y que aún le faltaba mucha información. Razonó que si hacía el viaje que su madre le recomendaba, estudiaría con más facilidad y efectividad la cosmovisión maya en los centros arqueológicos, asesorado por guías expertos.

Se despidió de su madre, que lo acompañó a la puerta y en tono de broma le dijo: "Me dio gusto verte. Regresa pronto, no tardes tanto como la última vez". Así era Clarita, no se tomaba las cosas de manera personal, entendía el proceso por el que tenía que pasar su hijo para buscarla, y su paciencia había sido recompensada. Tal como a él le pasó con su hija Catalina.

Al llegar al Hospital O'Horan, se dirigió directamente al pabellón psiquiátrico, al ala sur de las mujeres. Rodeó el hospital para evitar ver, aunque fuera por accidente, a Romina. De nada le sirvió. Al entrar al cuarto de Magnolia, estaba platicando con la neonatóloga. La vio hermosa, pero el tiempo había hecho su trabajo. No sintió esa gama de sentimientos que había pronosticado sufrir. Romina le dio un abrazo cariñoso y le platicó de su hermosa niña. Le enseñó fotos y los dejó solos.

A pesar del suceso que lastimó el alma de Magnolia, y de encontrarse encerrada en el hospital desde hacía más de tres semanas, se encontraba hermosa: recién bañada y sin una sola gota de maquillaje. Lucía un cutis blanco y brillante como una hoja de papel bond lista para escribir un poema. Sus labios rojos imitaban un fresco betabel listo para ser mordido; sus ojos eran aceitunados, del color turquesa del mar de la bahía de Chetumal; su cuello, esbelto, y su tronco y espalda parecían esculpidos como los de una estatua en un museo griego; con sus caderas de mulata había emocionado a más de un macho, y eso, en vez de ayudarla, la habían hecho inalcanzable en un mundo católico de hipócritas ideas.

Ella lo abrazó y lloró, estaba muy arrepentida, ya podía ser egresada, pero necesitaba un familiar responsable que se hiciera cargo de ella, y le pidió a Fidel que la ayudara. No quería que sus padres se enteraran y no deseaba ver a su expareja, motivo de su errada decisión.

Fidel firmó los papeles como responsable. Al salir del hospital, Magnolia le pidió que no la llevara a su casa, ya que ahí estaría Plutarco y, para ella, era historia pasada. Fidel se alegró.

—Yo vivo en Playa del Carmen, ¿quieres pasar unos días conmigo? Podrás estar tranquila; eres mi amiga y quiero que te sientas segura.

—Siempre he sentido una seguridad muy especial por tu amistad, además te considero mi médico de confianza. Acepto tu invitación.

La frase "mi médico de confianza" no le agradó, pues recordaba la promesa de Adriana de no involucrarse con sus pacientes, y su subconsciente se manifestaba.

Antes de firmar los papeles como familiar responsable, platicó con el psiquiatra de Magnolia, su amigo el doctor Avilés, quien le dio instrucciones y su receta.

Fueron primero a casa de doña Clarita, quien, al verlos, le dijo sin empacho a Fidel, sin esperar a que se la presentara: "¡Ay, mijo, qué alegría!, tanto que le pedí a mi diosa Ixchel que te encontrara una hermosa compañera, y mira nada más, se pasó de hermosa, qué linda tu novia. ¿Cómo te llamas, hermosa?".

—Muchas gracias, señora. Me llamo Magnolia, pero no soy la novia de su hijo, somos solo buenos amigos.

—Bueno, ni modo. No me gusta ver a mi hijo solo y me emocioné.

Fidel y Magnolia sonrieron, y esto quedó grabado como un lindo retrato en la memoria.

Entre ellos existía ya un sentimiento guardado. Cuando Fidel conoció a Magnolia, aún estaba casado con Victoria. Su matrimonio había perdido esa parte de complicidad de la pareja y se habían convertido en padres. Mientras él tomaba terapia de yoga con su maestra, por cuestiones de salud ella se convirtió en su paciente. Su amistad empezó a crecer, y de lo profesional paso a lo sentimental. Por lealtad a Victoria, pero sobre todo con la culpa cristiana, Fidel se impuso un freno, a pesar de emocionarse en cada clase. Ella era igual con todos sus alumnos, por lo que Fidel jamás pensó que ella sintiera lo mismo. Después, él pasó a ser una especie de padre aconsejador con su hija, aunque era una verdadera mentira en la que Fidel vivía feliz. Él mismo le ayudó a conquistar a Plutarco; tal vez era una manera de frenarse ante ese sentimiento que crecía.

Una vez que decidió divorciarse de Victoria, ya era tarde. Magnolia y Plutarco habían empezado una vida juntos, y ese sentimiento de Fidel quedó guardado como un apego de la adolescencia, ese primer amor, esas relaciones duraderas que acaban por afectar las relaciones futuras. Sin planearlo, se fue enamorando de una mujer, como cuando se forman las relaciones tempranas de los niños, solo que ahora en un adulto casado sin experiencias.

Ese apego, con sus conocimientos de cosmología maya, lo veía ahora como una necesidad emocional y afectiva que vino a curar Romina, y Fidel se olvidó de Magnolia. Hoy que la existencia le daba una nueva oportunidad al ser libres ambos, tendría que ser muy inteligente y, sobre todo, muy temerario. Rifarse en la vida a veces nos hace triunfar en el amor. Después de todo, ¿qué podría perder? Este apego se manifestaba con una confianza nueva. Ella pidió verlo y que se hiciera responsable de su salud. Dependía de Fidel luchar por una nueva relación saludable para el futuro, luego de la experiencia de su fracaso con Victoria y Romina.

Fidel planeó cómo lograr un apego seguro, sin ambivalencias y sin desorganización. Sus nuevos conocimientos le indicaron: sé cristalino y di lo que piensas sin miedo, ¿qué podría pasar? Obviamente, su lado médico lo frenó. Se dijo que no podía aprovecharse de un ser lastimado e indefenso; ella buscaba en él seguridad, así que nuevamente le ocultó su amor. Ganó el médico y no el amante.

Antes de irse a Quintana Roo, Fidel aprovechó el viaje para hacerse unos estudios y visitar a la doctora Alina. Tuvo buenos resultados en sus niveles de colesterol, en su hemoglobina glucosilada y en su prueba de resistencia a la insulina, todo estaba mejor. Le pidió seguir con los mismos medicamentos, Metformina y Atrovastatina, y solo le bajó la dosis de Tiroxina a 75 microgramos y repetir los estudios en dos meses.

Llegaron a Playa del Carmen. Fidel le ofreció su cama y él dormiría en una hamaca en la estancia común. Por las mañanas seguían una rutina de compañeros y amigos, y el resto del día Fidel trabajaba en el hospital y, en sus ratos libres, estudiaba.

Ella se sentía muy tranquila, acompañada y querida. Eso nunca lo tuvo con Plutarco. Durante los pocos ratos de convivencia, las miradas y sonrisas eran de complicidad y simpatía mutua, pero Fidel no podía ocultar su deseo, era evidente y ella lo percibía. No la incomodaba, por el contrario, le agradaba.

Al ver Fidel que el tiempo pasaba y sus estudios para el examen con los médicos mayas se acercaba, pidió tres semanas en el hospital para realizar el viaje en el Tren Maya, visitar las ruinas y sus museos de sitio. Le platicó su plan a Magnolia y la invitó a acompañarlo.

—Tengo que hacer este viaje y me gustaría que me acompañaras. Tomaremos el tren aquí, en Playa del Carmen y visitaremos Tulum, Felipe Carrillo Puerto, Chetumal, Kohunlich, Calakmul, Palenque, Edzná, Izamal y Chichen Itzá. Regresaremos en dos semanas, ¿cómo ves? Te servirá de distracción.

—Claro que te acompaño. Me emociona mucho que estés estudiando la cultura maya. Mientras trabajas en el hospital, he hojeado tus libros, están todos subrayados. No me has contado esa parte de tu vida.

Fidel no podía decirle la verdad, así que le respondió:

—Ya te platicaré más adelante.

Arreglaron sus cosas y salieron muy temprano por la mañana. En el primer tramo viajaron rumbo a Felipe Carrillo Puerto (Noj Kaaj Santa Cruz), hermosa ciudad situada en el centro del estado de Quintana Roo y denominada zona maya, donde, por cierto, Fidel presentaría su examen en un mes. Fue el foco de los mayas durante la guerra de castas; al ser derrotados por el Ejército mexicano, fue necesario que se replegaran en lo profundo de la selva. Pasado el tiempo, los mayas fueron recuperando poco a poco su tierra (en aquel entonces conocida como Santa Cruz), de igual modo en que los mexicanos, pacíficamente y trabajando, recuperan ahora el territorio perdido con el vecino del norte. En 1930 recibió su actual nombre en honor al gobernador socialista de Yucatán, Felipe Carrillo Puerto, uno de los primeros en luchar por el desarrollo de los mayas.

Mientras Fidel le compartía a Magnolia sus conocimientos sobre la historia de la región, ella de vez en cuando le lanzaba una mirada y una sonrisa que evidenciaba algo más que simple amistad o agradecimiento.

Y aunque en Carrillo Puerto no hay ruinas arqueológicas, ahí visitaron el Museo Maya Histórico de la resistencia durante la guerra de castas, pernoctaron y fue el punto de partida para visitar los cercanos Cobá, Muyil y El Meco. Se sintieron orgullosos de su sangre indígena al recordar aquel conflicto en el que la población maya se levantó en contra de las autoridades no indígenas, contra los blancos que los explotaban y abusaban de ellos, entre 1847 y 1901.

El tema era extremadamente apasionante para Magnolia, y más por lo mucho que sabía Fidel. Su sentimiento empezaba a trocarse.

Al recordar las quejas de su exmujer, Victoria ("Deja hablar a los demás"), Fidel se percató del error que cometía, y mientras saboreaban una deliciosa nieve de coco en las bancas del parque de la Parroquia de la Santa Cruz, construcción colonial testigo del mestizaje entre mayas y españoles, le comentó a Magnolia:

—Me siento muy halagado de que me pidieras hacerme responsable de tu recuperación, y más que tu médico me gustaría ser tu amigo —con lo que procuraba ser honesto, como le enseñó la experiencia fallida con Adriana—. Cuando estés preparada, quiero saber cuál fue el conflicto que te obligó a hacerte daño y por qué terminaste con Plutarco si los conocí muy enamorados.

—Qué bueno que me preguntas, ansiaba hablarte de eso y desahogarme contigo, pero no quería decirlo por pena.

Y así, sentados en la banca de lo que fuera el atrio y ahora un parque, ella le platicó con detalle su historia amorosa desde jovencita.

—Mientras fui niña, era feliz. Jugaba con los otros niños y con mis hermanos como otro más de ellos: futbol, patines y bicicleta; incluso era buena en las peleas callejeras. Todo cambió en la pubertad, cuando las hormonas me hicieron diferente de ellos. Mientras otras mujeres son felices cuando les crecen las caderas y los senos, yo empecé a avergonzarme de mi cuerpo. En mi ignorancia me decía: "¡Ya valió madres!". Los niños también empezaron a tener cambios y ya no me veían igual, ya no podíamos jugar como antes, y mis hermanos me celaban y protegían. Los jóvenes y los adultos me veían con deseo y eso me hacía sentir incómoda. Usaba ropa holgada para camuflar mis formas, pero la naturaleza y mis actitudes femeninas se expresaban más, hasta que, con el tiempo, me adapté y disfruté ser mujer. Ya de adulta, era muy seria en mis clases para no ilusionar falsamente a los hombres con mi amabilidad, pero muchos, y sobre todo los casados, me acosaban con piropos, regalos e invitaciones —Fidel se vio reflejado—. Siendo honesta, con algunos llegué a ilusionarme y me involucré, pero al enterarme de que tenían compromiso, aun cuando fueran infelices con sus parejas, los dejaba, ya que no me sentía bien de ser la destructora de una familia que podría salvarse.

Fidel dedujo que la culpa cristiana era igual para hombres y mujeres.

—Te recuerdo a ti en esa época, porque eras el único con el que no me sentía acosada. Te veía respetuoso y no con miradas lascivas. Tú fuiste el que me ayudó a conquistar a Plutarco, ¿lo recuerdas?

—Sí, claro —contestó Fidel, aunque él sabía que su actitud de ayudarla con Plutarco fue en contra de su deseo, como una medida de hipocresía católica para forzarse a borrar esa ilusión que crecía. La única que lo percibía y se lo recriminaba era su exmujer, un motivo más de sus discusiones diarias. Y al divorciarse e involucrarse con Romina, ella también lo notó y fue más temeraria y honesta. Le pidió directamente que dejara sus clases de yoga para alejarse de Magnolia. Con el tiempo, Fidel se olvidó de esta obsesión por su maestra, el amor por Romina creció como una planta a la que se le riega y se cuida.

Cuando Romina supo la historia de Magnolia, decidió regresarle a Fidel esa ilusión que borró en el pasado, como para compensarle el amor que recibió de él.

Fidel se guardaría ese pensamiento; ese secreto de su lejano deseo por Magnolia era solo suyo, así como sus remordimientos. Magnolia continuaba con su historia:

—Me enamoré perdidamente de Plutarco. Los años pasaron, y aunque nos la pasábamos bien, no le veía disposición a querer envejecer conmigo. La diferencia de edad entre nosotros no es mucha, soy cinco años mayor que él, pero él solo vivía la vida loca, y cuando le preguntaba si quería formar una familia conmigo y tener hijos, se desataban las discusiones.

"Ahora que cumplí cuarenta y un años, lo confronté. Para él no hay presión para tener hijos por la edad, pero yo ya no puedo esperar más. Incluso leí sobre los riesgos de tener un hijo con síndrome de Down, y no me importaría en caso de que eso sucediera, son niños muy especiales llenos de amor. Así pues, le puse como condición para seguir con él que tuviéramos uno o dos hijos, y su respuesta fue negativa. Incluso me dijo que, si eso quería, que él se hacía a un lado, y todavía me sugirió que podía tener un hijo como madre soltera, pero no de él, que no planea ser padre por ahora.

”Fueron muchos años entregados a Plutarco y su respuesta me aclaró que yo era solo un escalón en su experiencia de hombre, pero que tarde o temprano terminaría. Mi dolor fue tanto que, sin pensarlo, me tomé la caja de tabletas. Mis llantos previos alertaron a mi vecina, quien de inmediato me trajo al hospital. Plutarco acudió hasta el día siguiente y le dije a mi médico que no quería verlo más. Es una decisión tomada. Cuando me informaron que necesitaría un familiar responsable, solo pensé en ti, y mientras llegabas, Romina me ayudó. Esa es mi historia”.

Fidel respiró profundamente y, antes de contestar, repasó los cuatro acuerdos de sus estudios mayas: *1)* no supongas nada; si tienes dudas, aclara, pregunta, no inventes y responde con fundamentos, *2)* honra tus palabras, sé coherente con lo que dices y piensas; *3)* haz siempre lo mejor, no te arrepientas de ser honesto, y *4)* sobre todo, no te tomes nada como personal; si alguien te lastima, él se está lastimando a sí mismo.

—Mi opinión, sin tomar partido y sin basarme en la simpatía que siento por ti, es que Plutarco fue muy honesto. Tal vez la manera de decírtelo no fue la más amable y empática, pero debes agradecerle su sinceridad. Decidir tener un hijo debería ser una plática amable y muy sincera de ambas partes, es algo totalmente personal y muy complejo, ya que representa un compromiso para mucho tiempo. En mi experiencia como hijo y como padre, es de por vida, tienes que dedicarte a ellos. Personalmente no fui un buen padre, y si la vida me diera otra oportunidad, mejoraría;

también se aprende de los errores. Te sugiero que te tranquilices y medites bien lo que quieres. Hay muchas madres solteras por decisión propia o por destino. Mi madre es un ejemplo, quedó viuda de forma prematura con siete hijos y fue muy buena madre, hizo un buen papel. No debes tener miedo si es lo que quieres, pero lo mejor es compartirlo con alguien que quiera acompañarte en esta nueva tarea. Aún estás a tiempo, eres una mujer joven, hermosa e inteligente; estoy seguro de que serás una buena madre, pero piensa que, al hacerlo, no solo escogerás al hombre y compañero de tu vida, sino, más importante, al padre de tus hijos, y aquí debes entender que Plutarco no hubiera sido un buen padre. Tu respuesta al atentar contra tu vida no logró nada, pero te entiendo, porque últimamente he tenido muchas experiencias con la depresión y no es cuestión de echarle ganas. No abandones tu tratamiento, toma tus medicamentos y cuenta conmigo.

Terminó su respuesta y, tomando su mano, le dio un beso en el dorso, como cuando se besa la mano de una reina.

—Tienes razón, me tranquilizan tus palabras.

La plática dejó el balón en el campo de Magnolia. "A buen entendedor, pocas palabras", le decía su madre en este tipo de situaciones, cuando dejas entrever que tú puedes ser esa opción, pero sin insistir. Si ella pregunta, tendrá una respuesta. Fidel así lo decidió. No quería arriesgarse a recibir una contestación que le quitara la tranquilidad para tener su mente totalmente en los exámenes. Ella deberá tomar la iniciativa.

Seguían su viaje, y además de las ruinas y los museos, la naturaleza era hermosa: monos araña en los árboles de la selva; por las noches, los murciélagos algo les querían decir.

En Dzinbanché se presentó el teatro adecuado para que la obra del amor se expresara mientras caminaban por los pasillos que se abrían en la selva y entre ruinas impregnadas de historia y humanidad de siglos. El paisaje era majestuoso, hermosos árboles gigantes con enormes ramas daban una gran sombra y sus raíces sobresalían del piso como si fuesen largos dedos de sus pies para no caer en los huracanes; añosos zapotes, marcados con cortes en rombo, de donde se extraía el chicle, contaban sin hablar la historia de la explotación indígena por los extranjeros, como la del famoso Thomas Adams, secretario del traidor Antonio López de Santa Anna. De repente, como por arte de magia, apareció una parvada de charas yucatecas con un escándalo que Fidel extrañaba. Ese día, el sitio arqueológico estaba prácticamente vacío. Incluso desde la entrada había poca vigilancia. Caminaron hacia una enorme ceiba y, mientras él le explicaba a Magnolia lo que significaba, de repente sucedió algo que nunca había experimentado. Ella dijo, con voz entrecortada por el nerviosismo:

—Fidel, has logrado que deje de sentirme sola. Tu compañía, llena de pláticas inteligentes, y las risas y el llanto que hemos compartido, son para mí como un orgasmo. ¿Te puedo besar?

Era la primera vez que una mujer se lo pedía. El pronóstico y consejos de su hijo Matías se hacían realidad: "Deja que ellas tomen la iniciativa". Fidel en verdad se puso nervioso a pesar de sus sesenta y cuatro años y de llevarle veintitrés de ventaja a Magnolia. En ese momento él era el adolescente inexperto.

—Sí, claro —respondió casi sin voz y pálido por la adrenalina que secretó.

Ella lo empezó a besar de una manera muy diferente, con delicadeza y ternura, rozándole suavemente la parte húmeda de los labios. La lengua se movía tímida, pero traviesa; su aliento cálido y floral recorría todos los poros de su cara y cuello. Fidel estaba paralizado, las piernas le flaqueaban, el estómago quería suspirar y no podía; su corazón se aceleraba como una máquina de vapor a punto de reventar. Sus cuerpos estaban cada vez más cercanos, e Ixchel, debajo de las ramas de la ceiba, nuevamente hizo su tarea. Al terminar, ninguno sabía qué decir. Después de una pausa, ella dijo una frase que no venía al caso: "Fidel, esto no debe volver a pasar", aunque sabía que mentía.

Fidel no supo que contestar, no entendía. Era la primera vez que actuaba en forma pasiva, solo se dejó llevar, como un joven inexperto en su primer acto sexual con su maestra e instructora del amor.

Aunque no se los escriba, saben que al llegar al hotel la escena se repitió otras tres veces y, ahora sí, el Fidel experimentado se expresó. El resultado aún no lo conocemos, pero Fidel no tenía miedo y quiso decir lo que calló durante años. Era tanta su felicidad que equivocó el nombre:

—Romina, estoy dispuesto a tener un hijo contigo y a formar una familia, ¿qué piensas?

—¿Romina? —lo cuestionó sorprendida.

—Perdón, es la costumbre, pero, créeme, lo dije pensando en ti.

—No te preocupes, cuando estábamos haciendo el amor estuve a punto de decirte: "¡así, Plutarco!". Es lo normal. Te propongo empezar desde el principio, y si en un año me repites lo mismo, acepto con mucho amor. Serías un maravilloso padre de mis hijos.

Ahora Fidel empezaba una nueva aventura. Era un paso importante en sus ansias de reinventarse sin olvidar sus historias pasadas que lo harían no solo un padre mejorado, sino también un amante experto, cariñoso, tolerante y sabio.

Ya con esa confianza, en el acostumbrado acurrucamiento poscoito, le platicó sus planes a Magnolia de hacer psiquiatría maya y, probablemente, la residencia médica formal en España. Ella se emocionó con esta nueva aventura, eso no existía con Plutarco. Empezaron a planear ese sueño como pareja; ella también trataría de estudiar enfermería, una vieja vocación no cumplida, para así vivir y trabajar juntos.

—Por cierto, mi amor —le informó Magnolia—, quiero decirte, con todo cariño, que roncas mucho. Como instructora de yoga y conociendo la importancia de la respiración, te digo que eso no te deja descansar.

Fidel tomó cartas en el asunto, y en la primera farmacia se autorrecetó mometasona intranasal. Se aplicaba dos disparos en cada fosa dos veces al día y, como por encanto, dejó de roncar, lo que le corroboró Magnolia. No entendía por qué Romina nunca se lo informó. "En fin, tal vez sea algo nuevo, esta maldita edad cada vez me da más sorpresas", pensó.

Pasados unos días, al regresar del viaje, Adriana lo contactó de parte del doctor Jacinto Canul. El examen estaba próximo y lo citó para darle instrucciones. Quedaron en verse en el Hospital General.

Después de saludarse cariñosamente, ella le dio la información y, sobre todo, la verdad del examen, para ayudarlo a aprobar.

—Lo más importante que quiero compartirte es que no debes comentar ni opinar nada sobre la ceremonia. Algunas cosas las sentirás diferentes, y si las juzgas con el pensamiento occidental, cometerás errores, aunque si pudiste estudiar toda la información, entenderás la razón de cada decisión. Te pondré un ejemplo de comentarios de algunos aspirantes extranjeros y que han molestado a los profesores chamanes. En la ceremonia solo habrá hombres, no verás a ninguna mujer, y como ya estudiaste, esto no es discriminación. En esta cultura tenemos dioses y diosas, e incluso te compartiré algo muy personal: yo, sin haber cumplido los sesenta, soy experta en psicofarmacología y herbolaria maya, siendo mujer y la única menor de la edad estipulada en años. Eso fue gracias a mi maestro y a mi trabajo de años en esta hermosa península. Ahora mi discípulo es mi esposo, pero él podrá hacer su solicitud hasta cumplir los sesenta, a menos que yo muera, que es la única manera de heredar el título, lo que me pasó a mí con mi maestro. En caso de aprobar, tendrás que conseguir un discípulo, hombre o mujer, para que, en caso de morir, pueda heredar tus conocimientos y títulos con la comunidad. Te pregunto, ¿entiendes con tus estudios por qué no debe haber mujeres en tu examen? Y, al contrario, ¿por qué cuando se examina a una mujer sí puede haber mujeres y hombres?

—Por lo estudiado, deduzco que es para protegerlas de los malos vientos y energías malignas, ya que ellas llevarán en su vientre a los futuros mayas, además de ser la parte amorosa de la familia, pero, sobre todo, porque al ser más inteligentes, sensatas y maduras, a ellas no las distrae la presencia del hombre. En cambio, a los hombres la presencia de una mujer les robará energía y la comunicación con las y los dioses se verá afectada. En esto no estoy de acuerdo, pero entiendo que por ahora no debo opinar, ¿verdad?

—Bueno, trata de entender y asimilar, puesto que en tu examen saldrán las verdades más profundas de lo que piensas y no las podrás ocultar. Estoy segura de que lo aprobarás. Te llevaré a una casa en Felipe Carrillo Puerto, ahí te vendarán los ojos y te transportarán a un cenote cerrado (una dolina inundada subterránea en una gruta cubierta con una cúpula intacta), un poco alejado de Carrillo Puerto, selva adentro, desconocido para los ajenos a la cultura maya. Estarás en limpieza una semana, con dieta de hierbas y agua pura del cenote, sin tus medicamentos. ¿Estás de acuerdo?

—¿Sin Metformina, Atorvastatina, Metilfenidato, Tiroxina ni Tafil?

—Nada. El doctor Canul es internista y, en caso necesario, él te los dará, o si puede cambiarlos por herbolaria, así lo hará. Debes tener confianza. Paso por ti en tres días, ten confianza. Yo la tengo.

Fidel estaba feliz, pero con un sentimiento de miedo a lo desconocido. Lo bueno es que ya no estaba solo en esta aventura, ahora Magnolia lo escucharía. Ella lo tranquilizó, lo abrazó de una forma parecida a los abrazos cósmicos de Romina, pero ella emitía un canto, un mantra.

—Mi amor —le dijo suavemente—, voy a sacar la caja que me llegó hace poco y que no he abierto.

De ahí sacó un armonio indio de mano (samvadini), un pequeño órgano con una lengüeta que accionaba con una mano, mientras con la otra tocaba las teclas que sonaban como un acordeón. Ella lo tocaba sentada en el suelo en posición de loto y Fidel la veía con admiración. Le cantó unos mantras para tranquilizarlo y sanarlo del miedo.

Una vez que Adriana lo dejó en la casa del pueblo de Carrillo Puerto, lo trasladaron a la ranchería secreta donde se encontraba el cenote cerrado para la ceremonia. No se le permitió alejarse de la choza que se le asignó. Una mujer de edad, con un hermoso vestido maya, le administraba en una jícara papillas de hierbas desconocidas con agua de cenote dos veces al día. No se le permitía hablar con nadie ni había nada que leer o escuchar. Estaba totalmente aislado en la selva, y así fue durante todo el día y la noche, solo en contacto con la naturaleza que lo limpiaba.

De día convivía con el jaguar, los venados, los monos araña, las ardillas, las iguanas, el tucán, el sereque, el loro yucateco, los zopilotes, los mirlos y los cocodrilos, pero, sobre todo, con sus charas yucatecas y el colibrí que le hacían compañía; de noche, con el silencio, los murciélagos, el sapo jaspeado y el *xooch'*, el ave nocturna —búho—, la oscuridad y el cielo estrellado que, sin querer, le hacían sentir toda la cosmovisión que había estudiado.

El día del examen llegó. Fidel había perdido el sentido del tiempo. En el lugar se presentaron diez hombres y dos mujeres que, en maya, le dieron instrucciones que Fidel, por supuesto, no entendió. El doctor Canul le traducía:

—Nosotros los mayas vivimos en un mundo sacralizado, opuesto a lo profano, siempre entregados al misterio, a lo que no se puede ver pero es real. Todo tiene un sentido sagrado: naturaleza, trabajo, sexo, alimentación. Ahora, con usted, Fidel, buscamos un nuevo miembro para conservar nuestros conocimientos de medicina tradicional maya, de nuestros psicofármacos para sanar el alma y el espíritu de nuestros hermanos. Saluda a los símbolos sagrados a los que pediremos permiso antes que a nuestros dioses y que se expresaron esta semana en que se te limpió el alma: cielo, tierra, agua, viento, fuego, lluvia, relámpago, astros, árboles como la ceiba, plantas como el maíz, hongos alucinógenos, animales como la serpiente, el jaguar, las aves y el murciélago.

Fidel escuchaba con atención. Su alma y su cuerpo previamente purificados, le daban la sensación de estar soñando. Aún no había recibido ningún té o elixir maya. La ceremonia todavía no se iniciaba. El doctor Canul traducía:

—Ya completaste la primera etapa de este rito: purificarte mediante la abstinencia sexual, privación de alimentos, y baños para estar más apto en este contacto con lo sagrado. Has bebido agua pura del cenote virgen que no ha sido tocada por las manos del hombre. Ahora beberás el elixir que se te preparó.

Una vez que lo ingirió, empezaron las oraciones, los sahumerios de resina de copal, las danzas y los cantos. El brebaje era una mezcla de balché, saká y hongos. El primero es el vino sagrado elaborado con la corteza del árbol del balché hervida, secada y preparada como té con agua de pozo; el saká o maíz, la bebida sagrada hecha con nixtamal medio cocido, con la que se formó el hombre. Y hongos desconocidos para todo el mundo, que, si Fidel era aceptado, aprendería a utilizar.

Lo condujeron, ahora sí, al cenote sagrado. Era casi un círculo perfecto de unos quince metros de diámetro, oculto, cubierto por una cúpula, iluminado con fuego. El examen empezó. Fidel habló de inmediato:

—Pienso, honestamente, que puedo ser aprobado, pero mi alma quiere confesar algo que ustedes deben saber. Diré, pues, la verdad de mis intenciones, y aunque ustedes me indicaron que seré yo quien diga mi calificación, necesito hacer una confidencia, algo que pensé que no era trascendente, pero que mi conciencia quiere aclarar.

"Quiero hacer la especialidad médica en psiquiatría alópata formal y también deseo aprender estos maravillosos conocimientos mayas que ya experimenté en mi propio cuerpo. Mi intención es compaginar ambas ramas para ayudar a mis semejantes sin importar su condición ni diferencias culturales, su nacionalidad o religión, y, respetando las costumbres mayas, utilizar sus remedios con mis enfermos".

Los chamanes le respondieron:

—Eso mismo queremos. Al abrir los conocimientos a médicos como tú, no mayas, pero ¿cómo lo harías sin prostituirlos, sin hacer negocio? Para acceder a ellos no debe mandar el dinero, sino el servicio. Sin embargo, la historia conocida de abusos con los invasores nos hace pensar que es imposible.

A Fidel, con su bagaje como pediatra y conociendo los antecedentes históricos de esas enemigas eternas, las pestes, enfermedades infecciosas que han dañado a la humanidad en forma exponencial, recientemente recordadas con la pandemia de coronavirus, le vino a la mente la peste negra de 1347, causada por *Yersinia pestis*, que se extendió por Asia, Europa y el norte de África, en la que murieron casi 150 millones de seres humanos. En aquel entonces pensaban que eran maldiciones de los hados, sin imaginar que una insignificante pulga era la transmisora de la enfermedad. De igual manera, mayas y aztecas culpaban a sus dioses de aquel mal desconocido (la viruela) "*hueyzahuatl*, la lepra grande", tragedia llegada por indicación divina, ya que sus conocimientos médicos no funcionaron para las nuevas enfermedades. No debería olvidar que una consecuencia dañina de la conquista fue la alta mortalidad por viruela y sarampión. Las crónicas de los primeros años de la colonia reportaban que el golpe fue de 3.5 millones de nativos aniquilados, y al final exterminó a la mitad de la población total, lo que facilitó la abdicación, no solo por las pérdidas humanas, sino por el dañino impacto emocional. El ejército mexica quedó muy afectado, ya que la viruela terminó con los más jóvenes, los más valiosos para el combate. De no ser por esta epidemia, la conquista no hubiese tenido éxito. La medicina indígena no funcionó con sus remedios de plantas medicinales y tratamientos espirituales. Epidemia tras epidemia amenazaban con destruir toda una historia.

Fidel tomo estas nociones para argumentar su idea y les informó, sin faltarles al respeto en sus creencias, de los beneficios de la alopatía con dos ejemplos:

—Hay modelos o paradigmas de la historia de la medicina alópata que demuestran que no todo es negocio. Uno fue la expedición española que llevó la vacuna de la viruela a Asia y América, conocida como "expedición Balmis" en honor al médico español Francisco Javier Balmis, y fue la primera expedición filantrópica de la historia, ocurrida en 1803, ordenada por el rey Carlos IV. Para esta expedición se requirió de la ayuda forzada de veintidós huérfanos, héroes anónimos, que hicieron posible que la vacuna siguiera activa durante la larga travesía en barco. Se requerían personas sanas que no estuvieran vacunadas ni hubieran padecido la enfermedad, y funcionaron como un frasco de medicamento, como un recipiente humano que salvó a la población indígena de Puerto Rico, Cuba y México. De ahí se tomaron otros niños, veintiséis mexicanos, para continuar la travesía: Filipinas, Macao y Cantón, para llevar la vacuna a Asia. Otro grupo se dirigió a Venezuela, Colombia, Perú y Chile. Esta manera de ver la enfermedad como lo que es, no como un negocio, logró erradicar la viruela del mundo en

1980. Y aunque la enfermedad fue herencia de la colonia, la cura con la vacuna en esta expedición ejemplar fue una manera elegante de pedir perdón.

"Otro ejemplo de altruismo alópata, pensado para el bien de los niños, fue el del doctor Albert Sabin, creador de la vacuna oral contra la poliomielitis, que donó su descubrimiento al mundo. Jamás pensó en patentarla para hacer negocio, y al no registrarla garantizó que fuera accesible para todos sin importar el dinero. Sabin decía que era "un regalo para los niños del mundo". Mi padre, el doctor Arnulfo, fue comisionado por el doctor Alatriste para que la recogiera en Cincinnati, EUA, en 1958, y la trajera para los niños mexicanos. En 1994 se logró la erradicación de la polio en toda América".

Fidel terminó su examen diciendo:

—Si están de acuerdo con que sus conocimientos mayas de psicofármacos se apliquen de igual manera en todo el mundo para ayudar a los pacientes con patologías de la mente, me comprometo a hacerlo sin prostituirlos.

Los chamanes callaron. Pidieron a Fidel que abandonara el cenote. No estaban preparados para esta afirmación, así que Fidel aún no estaba aprobado. El doctor Canul le dijo que se requería hacer una junta en la próxima cumbre maya que se celebraría en Belice. Ahí se expondría su caso para decidir si sería admitido. Canul fue sincero:

—Estoy totalmente de acuerdo contigo, pero es una decisión muy trascendente para que nuestra autoridad te acepte. Son siglos de guardar nuestros conocimientos ocultos en la selva y nos has puesto a pensar y a trabajar. Te daremos una respuesta en seis meses, pero de antemano te felicito, ¡te autoaprobaste!, y eso no todos lo logran.

Al enterarse Adriana, sintió orgullo por Fidel y le compartió que su maestro chino también estuvo en espera seis meses, cuando confesó que compartiría este conocimiento con los chinos. Su caso fue más fácil por el parecido de la religiosidad china y maya.

Fidel regresó a su hospital a seguir atendiendo niños que requerían cirugía mientras esperaba dos respuestas, la de los médicos mayas y la del Ministerio de Sanidad de España. Ahora su espera tenía algo diferente: estaba acompañada de una nueva ilusión, su amor por Magnolia y la idea de formar una nueva familia.

Entró a su casa en silencio, sin avisar a su amada. La escuchaba cantar y, para su sorpresa, su melodía iba dedicada a las charas yucatecas mientras les daba de comer. Era un grupo de más de treinta. Nada de reproches a los mal llamados "pajarracos". Las charas, al verle, hicieron más alboroto. Fidel abrazó a Magnolia, y las aves los acompañaron en una hermosa postal para recordar.

Francisco González Durán de León es médico en ejercicio y está especializado en cirugía de niños, pero su mirada va más allá del cuerpo: explora el alma. Escritor de novelas, ensayos, cuentos y poesía, vive en Cancún, Quintana Roo, donde la selva, el mar y la cultura maya impregnan su mundo creativo. Desde ese rincón sagrado, contempla el tránsito de la vida con serenidad, aguardando el momento de fundirse con los espíritus que habitan en las raíces de la ceiba sagrada.

Made in the USA
Coppell, TX
07 February 2026